# 哲学者たちの動物園

ロベール・マッジョーリ
國分俊宏訳

白水社

# 哲学者たちの動物園

# はじめに

『哲学者たちの動物園』に、ようこそ！

これから、ちょっと変わった哲学者入門の世界へとご案内いたします。

その前に、まずは、この「動物園」の楽しみ方を少々。

あなたが知りたい哲学者は、誰ですか？

目次をご覧いただくとわかるとおり、ここでは36回にわたって毎回一人ずつ哲学者を紹介しています（ドゥルーズとガタリだけは例外で、二人でひとつ）。

なかには哲学者という呼び名が似合わない人もいるかもしれませんが、まあ大体〝思想家〟というくくりで呼んでよさそうな人たちです。

古くはソクラテスや荘子から、新しいところではデリダやメルロ゠ポンティがいて、もちろん、カントやニーチェ、デカルトにハイデガーといった〝大物〟たちの名前も見つかるでしょう。

もしも目次にお目当ての哲学者が見あたらないという場合は、巻末にある人名索引をご覧ください。哲学者以外の名前も含まれてはいますが、そこを入り口にすれば、ちょっとした「哲学者小事典」としてもご利用いただけます。

『哲学者たちの動物園』には、守らねばならない「順路」はありません。どの哲学者から読んでもＯＫです。どうぞ、ご自由に。

念のため説明しておきますと、目次の配列は、哲学者名の頭文字をアルファベット表記した場合の順番です。ですから、二千年以上にもおよぶ悠久の時の流れのなかを行ったり来たりしながらの読書になります。

この手の本はふつう年代順や五十音順に編まれることが多いので、人によっては、「こんな順番では頭がスッキリしないよ」という意見もあるでしょう。

そのように思われた方はぜひ、付録の年表をご活用ください。お手数をおかけしますが、年表に沿ってクロノロジカルに読み進めていただければありがたく思います。

そしてさらに知識を深めるために、あわせて、読書案内もご利用ください。

もちろん、本書のキーワードは「動物」です。

あなたの好きな――好奇心をそそられる――動物（生き物）にかんするところから読んで回る、というアイデアもありですね。

どの動物から読んでもOKです。昆虫だって、出てきます。

『哲学者たちの動物園』では、たとえば、次のような「ツアー」が可能です。

①巨大ほ乳類ウォッチング
②わんにゃんワールド
③バード・サンクチュアリー
④は虫類パビリオン
⑤水辺の生き物ルート
⑥ミクロの決死圏コース

ひとめぐりするだけで、哲学の世界が身近なものに感じられ、ひととおり頭の中にマッピングされるはずです。

哲学者たちは、動物について、どのような思惟《しい》をめぐらせていたのでしょうか？

さあ、そろそろ、「入場門《エントランスゲート》」をくぐりましょう。

どうぞごゆっくり、お楽しみください。

イラストレーション　川口澄子
レイアウト　文京図案室

ドミニク・グリゾーニの思い出に

私はプードルを一匹飼っているが、そいつが何か悪いことをしたときには、こんなふうに言ってやる。おい、おまえは犬ではないのだぞ、おまえはただの人間に過ぎんのだ。そう、人間だ！　恥ずかしいと思いなさい。すると彼はすっかり恥じ入って、隅のほうへ行って寝そべってしまう。

アルトゥール・ショーペンハウアー

いかに私の犬が知的であろうとも、自分の父は貧しかったが誠実だった、と言うことは決してできないだろう。

バートランド・ラッセル

# 哲学者たちの動物園　目次

以下に続く文章は、二〇〇四年七月十九日から八月二十八日にかけて、『リベラシオン』紙に連載されたものである。掲載当時は、毎日同じフォーマットに収めるため、どれも短いヴァージョンに要約されていた。ここでは、それらをもとの完全な状態に復元し、巻末に、新たに書き下ろしたあとがきを加えた。

# アランの駒鳥

ニーチェ[1]がハンマーを手に哲学していたとすれば、エミール＝オーギュスト・シャルチエ、いわゆるアランの手に握られていたのは、さしずめデッサン用の木炭鉛筆とか、何かしら上等なシャープペンシル、あるいは軋《きし》みを立てないような鵞《が》ペンとでもいったところだろうか。ごく身近なあらゆる素材が、その静かで穏やかな哲学の材料となった。しかし彼は、アラベスクを踊るダンサーが、バーにつかまってそれを前もって練習していたことなど感じさせないように、自分の哲学の元になったものだとか、背景にある哲学的概念や参照した文献、アイデアが形になっていく過程や思考のたどった複雑な軌跡などが、表に現れることを望まなかった。そうして自分の哲学をあの有名な数々の『プロポ』、つまり「随想」として世に送り出したのである。そ

**Alain**
(1868-1951)
アランは、フランスの哲学教師・著述家。デカルトの『情念論』に影響を受け、彼の心身合一の考えを広げて、道徳、政治、宗教の問題を論じ、個人主義、反戦主義の立場を終生貫いた。エッセイや断章、箴言などを自由に用いるスタイルは、モラリスト（人間の在り方を観察し、生き方を探求する著作家）というフラン

れは、凝縮された文章の中に知恵の種がぎっしりと詰め込まれたものだったが、ことさら知識を振り回すのが好きな学者連中の中には、彼を単なるジャーナリストとかエッセイスト、あるいはせいぜいモラリストと見る者もあった。だがアランは気にしなかったのである。

アランはモルターニュ＝オ＝ペルシュ[2]の生まれで、父は獣医だった。パリの高校《リセ》、アンリ・キャトル[3]で三十年間教師を務めた哲学者ジュール・ラニョー[4]に教えを受け、アラン自身もまた数世代にわたって学生たちを育てた（シモーヌ・ヴェイユ[5]からジョルジュ・カンギレム[6]まで）。著作の中では政治的ラディカリズムと平和主義を称賛し、いかなる権威も盲目的に従う価値などないことを示し、公権力は市民の力によって制限されるべきだと主張して闘った。

その倫理は、きわめて規律の厳しいものだったが、ごくシンプルな言葉で語られている。〈もし私が、自分の教えている子供について、この子にはものを覚える能力がないなどと思っていたら、その思いは私の瞳や言葉の中に書き込まれ、その子を本当に愚かにしてしまうだろう。逆に、もし私が信頼し期待を寄せれば、それは太陽のようにその坊やの花を開かせ、実を熟させるのだ。あなたは、私が自分の愛している女性に対して、彼女がまるで備えていない美徳を持っているかのように思い込んでいるとおっしゃるが、しかし、もし彼女が、私が彼女を信じているということを知っていたら、彼女は必ずそうした美徳を持つようになるだろう［……］〉。疑いはこれまで一人

ス固有の伝統を引き継ぐものである。『精神と情念に関する八一章』（一九一六）、『幸福論』（一九二八）、『イデー』（一九三九）など。本名は Emile-Auguste Chartier で、アランは筆名。

**1** 本書一一九頁脚注参照。

**2** フランス北西部ノルマンディー地方の町。パリからほぼ真西に約百三十キロほど。

**3** ソルボンヌの近くにある、エリート校として名高い高校。

**4** Jules Lagneau（1851-94）フランスの哲学教師。スピノザの哲学に影響を受けて出発した。『断片集』（一八九八）、『弟子たちの手でまとめられた遺稿集』（一九二四）がある。アランは『ラニョーに関する想い出』を著している。

**5** Simone Weil（1909-43）フランスの女性思想家。エコール・ノルマル・シュペリウール（高等師範学校）出身の知的エリートでありながら、リセで

ならず泥棒を生んできたのだ。中途半端な信頼は、一種の侮辱である。しかし、もし私が完全な信頼を与えることができるなら、一体誰が私を欺けるというのだろう。まず先に与えることが必要なのだ〉。

哲学者たちは、彼がスピノザ[7]やカント[8]、あるいはアリストテレス[9]に対してどういう位置づけにあるかを研究しなければならないだろう。だがアラン自身は、孤独について語ったり、平和や戦争について語ったり、あるいは似たもの同士が引かれあったり反発しあったりすることについて語るとき、エンペドクレス[10]やヘラクレイトス[11]を引くようなことは決してしない。たとえば彼はその著『自然についての随想《プロポ》』の中で、駒鳥《こまどり》の愛らしい術策の数々を観察するだけで満足していたのだ。われわれにとってそれはなんら驚くべきことではない。

〈駒鳥は熊手の音を聞いてやってくる。そして庭師のあとを追い、小石の当たる音や小枝の折れる音に似たあの乾いた鳴き声で話しかける。ふと気付くと、もうスコップの丸い部分やじょうろの口などにとまっている。パンくずをついばみあそばされる様子など、まったくがっつついたところがない。泥棒のようにではなく、友達のようについばむのだ。やがてすっかり満腹になると、稲妻のように飛び立ち、どこかの黒い切り株の上で、秋の歌をさえずる［……］。駒鳥の訪《おとな》いほど、好ましく歓迎に値する来訪はない。長い脚ですっくと立ち、駒鳥はまるで大使のようにあいさつをする〉。

しかし一体どうして、〈繁殖期でなければ〉、この鳥はいつも独りなのだろう。どう

哲学を教える傍ら、自動車工場で女工として働くなど、思想と行動、教義と経験の一致を求めた。『重力と恩寵』（一九四七）。

**6** Georges Canguilhem（1904-95）フランスの科学哲学者・科学史家。パリ大学教授。『生命の認識』（一九五二）、『正常と病理』（一九六六）など。「エピステモロジー」、つまり「フランス科学認識論」の領域で重要な仕事をし、同時代のより一般的なフランス思想にも大きな影響を与えた。

**7** Baruch de Spinoza（1632-77）オランダのユダヤ系哲学者。旧約聖書の異端的な解釈によりユダヤ教から破門され、レンズ磨きで生計を立てる孤独な思索生活を送った。徹底した一元論・汎神論と幾何学的演繹体系が特徴。ドイツ観念論、ロマン派に大きな影響を与え、デカルト、ライプニッツと並ぶ十七世紀を代表する形而上学者の一人。『エチカ』（一六七五）など。

してぃつも〈遠くから〉でしか、〈自分の同類たちのさえずりにこたえ〉ようとしないのだろう。人間は人間にとって狼《おおかみ》だ[12]とはよく言われるが、鳥同士もそうなのだろうか。〈今頃の時期には、同じ場所で二羽か三羽の駒鳥に出くわすことがある。よく若い駒鳥が一羽、喉の部分がようやく赤くなってきたばかりのがやってきて、同じようにじょうろの上にとまったり、敷居の近くで餌をついばんだり、おじぎをしたり、さえずったり、要するにその場所を横取りしてしまったりする。すると、ナラの木の上のほうから情け容赦のない矢が飛んでくる。羽が飛び交う。横取りしたほうの鳥は、体当たりされ、目を狙われる。闘いは熾烈で、めまぐるしく、あっという間に終わる。負けたほうは縄張りの外へと追いやられ、まず戻って来ることはない。期せずして、私は勝者を観察する。羽は逆立ち、冠羽状の飾りのようで、胸は膨らみ、激しい闘いのあとを示す黒ずんだ赤い染みがある。すっかり変わり果てて、醜い〉。

　ひとりの女性であれ、詩人であれ、あるいは一羽の鳥であれ、「力のない美」など決して存在しない、とアランは続ける。〈力は、それが休息状態にあるときには美しい。だが、同じような相手がやってくる。その場所を占めようとするものが、もう一羽の駒鳥が。なに？　同じ金ぴかのやつだって？　同じ赤いしるしだって？　同じ王家の紋章だって？　私の財産が横取りされたって？　なに？　また別の思想家だって？　また別の歌手だって？　また別の立法者だって？　また別の賢人だって？　また別の世界の中心だって？［……］想像してみるといい。もうひとりのヘラクレスを。棍棒

**8** 本書八三頁脚注参照。
**9** 本書二三頁脚注参照。
**10** Empedoclēs (ca.490-430 BC) ギリシアの哲学者・自然学者・医者・詩人・予言者。万物は地水火風の四元素の混合からなり、そこに愛と憎が作用して結合・分離が生じると考えた。大著『自然について』は、現在では断片しか残っていない。
**11** Hērakuleitos (ca.540-480 BC) ギリシアの哲学者。万物は根源的実体である火の変化したもので、永遠の生成消滅のうちにあるとする万物流転説を唱えた。著作として『自然について』があると伝えられるが、現存しない。
**12** ローマの喜劇作家プラウトゥス (ca.250-184 BC) の『アシナリア (Asinaria)』第二幕第四場に使われて有名になった古代からのことわざ「homo homini lupus」(人は人にとって狼だ) を指す。

を持ち、ネメアの谷で退治したあのライオンの皮を身にまとったヘラクレスを。毛皮の毛は飛んでしまい、木々は根こそぎ震えるだろう〉。

似たものは似たものを引き寄せる、とエンペドクレスは考察した。確かに「類は友を呼ぶ」というとおりだ。アランは言う。〈あらゆるものは、自分と似たものを愛し、求める。それは誰もが口にする決まり文句だが、しかし結局のところ真実でもある。だがその最初の瞬間は、やはり難しい〉。もちろん駒鳥にとっては、ということだ。〈その小さな頭には、思考が欠如している〉からである。〈思考こそが違いを見えるようにし、違いを作り出すのだ。違うというのはなんと幸せなことだろう。それが平和を作り出すのである〉。

# アルベルトゥス・マグヌスの犀

犀《さい》というのは、ふつう、目立つ。たとえ遠くからでも、いやでも目につく。もしそいつが自分に向かって突進してきたとしたら、なんとすばらしい動物だろう、などという考えが頭をよぎったりすることはない。古代ギリシア・ローマの賢人たちは、この動物をじっくりと観察する機会があまりなかった。それで、インドやアジアの遠くから来た旅人たちがする話などに頼るしかなく、この動物を、ほとんど手当たり次第といった感じでいろんなものと混同した。

中でも最大の誤りは、クニドスのクテシアス[1]によるものだ。紀元前四四〇年頃に生まれたとされる古代ギリシアの医師クテシアスは、アルタクセルクセス二世とキュロス[2]の兄弟同士の戦争の時代に、ペルシア人たちの捕虜となり、ついでペルシア宮

**Albertus Magnus**
(ca.1200-80)
アルベルトゥス・マグヌスは、ドミニコ修道会士で、その知識の該博さから「大アルベルトゥス」と呼ばれてきた。パリ大学神学部で教鞭をとり、トマス・アクィナスはそのとき以来の弟子である。アリストテレス哲学を巡っては、アヴェロエス派の「知性単一説」を論駁する一方で、E・タンピエの極端な断罪には反

廷に招かれて、何冊かのオリエント史を著した（『インド史』および『ペルシア史』）。それらの書物のことを、われわれはフォティオス[3]やアイリアノス[4]が伝えるところによって知っているが、それによれば、それらの史書に含まれている記述は、あるときは写実的であり、またあるときには幻想的で、後世の書物の中にたえず再録され続けたという。そして学問だけでなく、おとぎ話にも材料を提供したのだった。

　インド人たちのところには、とクテシアスは言う。〈馬よりも大きな野生のロバが存在する。そのロバたちは、体は白いが、頭は完全に緋色で、その目は暗い青色の光を放っている。それらは、一クデ半[5]の長さがある頭の前部に一本の角を持っていて、その角の根元は白く、先端は緋色、そして中間部は真っ黒になっている［……］。この角で水を飲む者はもはや病気知らずで、決して病に冒されることはない。その者はまた、痙攣の発作を起こすことも、いわゆる「聖なる病」と呼ばれるものにかかったりすることもないし、毒物も効かない〉。

　このインドの野生のロバの中に、人は、場所や時代の条件に応じて、さまざまなものが混ぜ合わされているのに気付くだろう。アジアロバ、チルー[6]、オリックス[7]、水牛、オーロックス[8]、あるいは、レリーフに横顔で描かれた、ということは角が一本しか見えない状態の、野生の牛、等々……。こうした解釈の大鍋の中から、奇跡中の奇跡が生まれ出る。一角獣《モノケロス》である。一角獣は、聖書の動物たちの中にもしっかり数えられていて、たとえば、いわゆる『七十人訳』[9]と呼ばれるギリシア語訳聖書では、『申

対して論陣を張り、自然学者たちの活動を擁護しようとした。

1 Ktēsiās　生没年未詳だが、前四〇〇年頃のギリシアの歴史家で、アルタクセルクセス二世の侍医として知られる。クニドスは、小アジアの南西部、エーゲ海に突出するクリオ岬に栄えた古代ギリシアの商業都市。

2 ともにアケメネス朝ペルシアの王ダレイオス二世（在位前四二三－前四〇四）の子。弟のキュロスは、兄のアルタクセルクセス二世が即位したあと、王位簒奪のために攻撃を仕掛けたが、クナクサの戦いで敗れて殺された。

3 Photius（ca.820-891）東ローマ帝国の神学者。コンスタンチノープル総主教。

4 Claudius Aelianus（ca.175-235）二－三世紀頃、イタリアの都市パレストリーナにいたローマ人のギリシア語作家。

命記』や詩篇の中で、re'em（水牛）にこの名が与えられている[10]。

膀胱《ぼうこう》を提灯《ちょうちん》と取り違える[11]ような輩《やから》ではなかったアリストテレスは、『動物誌』の中で、一角獣についてはごくあっさりと片付けている。しかし、たとえばユリウス・カエサル[12]は、『ガリア戦記』の中で、一角獣のことを、「鹿の頭を持った牛」のようなもの、と語っている。

大プリニウス[13]は、その『博物誌』の中で、〈偉大なるポンペイウス将軍の主催する曲芸大会のために〉ローマで見世物にされた犀《リノケロス》について、あえてわざわざ語っており、それをこんなふうに描写している。〈それは象の第二の敵である。犀はその角を岩にあてて研ぎ、そうして戦闘に備えるのである。戦闘では、特に腹を狙う。そこがもっとも弱いところだと知っているからである。犀は象と同じくらいの体長を持っているが、脚はずっと短く、体はツゲ色である〉。しかし、プリニウスはまた、「深いいななき声を上げる」その分身、一角獣の名も挙げ、それは、馬の体、鹿の頭、象の脚、そして猪に似たしっぽを持つ、と記している。

以来、一角獣は長い寿命を保つことになる。ソリヌス（ガイウス・ユリウス・ソリヌス、三世紀後半）[14]の筆によれば、この動物の角は光を発する性質を持つとされ、〈驚くばかりの壮麗な輝き〉を放つという。こうして、すべての準備は整ったというわけだ。あの「一角獣《ユニコーン》」が誕生するための。そして、哀れな犀はもう誰にも省みられないのである。

『ギリシア奇談集』（松平千秋、中務哲郎訳、岩波文庫、一九八九）、『動物の特性について』。

**5** クデは、肘から中指の先までの長さ。昔の長さの単位で約五〇センチ。

**6** 偶蹄目ウシ科。別名チベットレイヨウ。体長一三五センチ、体高八〇センチ内外で、オスは長さ六〇センチあまりの細長い角を持つ。レイヨウは別名アンテロープとも言い、偶蹄目ウシ科の動物のうち、ウシ亜科とヤギ亜科を除いたものの総称。多くはアフリカ・アジアの草原・砂漠に住む。

**7** 大型のレイヨウ。

**8** ウシの一種。家畜牛の先祖。フランス・スペインなどの先史洞窟壁画にも描かれる。

**9** セプトゥアギンタ（ギリシア語訳旧約聖書）。前三世紀、エジプト王の命により、アレクサンドリアで七十（七十二）人のユダヤ人が七十（七十二）日間で訳了したと伝えられる。

ユニコーンについては、何も言うことはないだろう。それは、全中世を通じて、神話や芸術や文学や宗教的象徴に養分を与えた。その角は、罪や悪魔の誘惑と戦うための武器であり、その孤高の姿は、修道生活のシンボルであり、その力と強さは、騎士のそれであった。ユニコーンは、純潔の象徴でもあり、処女たちの前か、聖母マリアの前でなければ従順にならないとされていた。

ケルンから戻ってきたアルベルトゥス・マグヌスがパリにいたとき、ソルボンヌ大学では、彼の話を聞こうとやってくる熱狂的な群衆を収容するだけの十分な大きさの講義室を使えなかったので、野外で講義をした。その場所は、今でも彼の名をとってモーベール[15]広場と呼ばれている。彼は、聖トマス・アクィナス[16]の師であり、その著書は、まさに中世の知と学問の大百科事典であった。

彼は、スコラ哲学とアリストテレス[17]の思想の総合を成し遂げた人物だった。彼自身は、自分はアリストテレスの思想をただそのままなぞっているだけだ、と言うのだが、彼はヘブライやアラブの伝統にこだわらず、アウグスティヌス[18]と新プラトン主義的な遺産をうまく取り込んだのである。自然科学における、彼の純粋に記述的な方法は、アレゴリー的なアプローチや中世の動物寓話集などとは一線を画するものだ。だが、一角獣類の動物リストの中に「角魚」[19]すなわちイッカク、を付け加えることを忘れなかったこの実に博識な神学者は、果たして犀のことはきちんと認識していたのだろうか。



**10** ちなみに、『ブリタニカ国際大百科事典』の「ユニコーン」の項には、次のような記述がある。「前四世紀ギリシアの自然学者クニドス〔のクテシアス〕は、インドの実在動物としてその角の薬効などを書いているが、これは犀のことらしい。キリスト教では聖書に現れる動物として親しまれているが、これは旧約聖書のギリシア語への翻訳の際、ヘブライ語でre'emと呼ぶ二角獣の一種をギリシア語でmonokeros（一角獣）と誤訳したことに始まる。」

**11** 膀胱を提灯と取り違える（prendre des vessie pour des lanternes）は、フランス語の慣用句で「ひどい勘違いをする」の意。

**12** Gaius Julius Caesar（100-44 BC）古代ローマのもっとも偉大な将軍・政治家。英語名ジュリアス・シーザー。文章家としても卓越し、『ガリア戦記』などを残した。

ある意味では、イエスである。彼の言うその動物は、〈狩人を恐れず〉、〈額の中央に一本の長い角を持ち、その角でもって象の肉さえ貫くことができ〉、〈体の大きさは中くらい〉、〈割れた蹄〉を持ち、〈山や砂漠に住む〉とされているからである。プリニウスと同様、彼もまた〈ポンペイウス将軍がこの動物をローマでサーカスの見世物にした〉とはっきり書いている。では、科学的精神を持つ彼は、伝説など寄せつけなかったのだろうか。ほぼ、と言っておこう。というのも、アルベルトゥスもまた、ほかのみんなと同じようにあの美しいユニコーンのことを夢見ていたらしく、こう付け加えているからだ。犀は〈若い処女たちには目がなく、娘たちの姿を見ると自分から近寄っていって、そのそばで眠り込むのである〉。

**13** Gaius Plinius Secundus (23-79) ローマの博物学者・軍人。騎兵隊長、海軍提督などを歴任。軍事・歴史・修辞学・自然学を研究。ヴェスヴィオ火山の噴火の際、科学的調査に赴きガスに巻かれて死んだとされているが、単に病死だったという説もある。その著『博物誌』(三七巻)は宇宙論、民族学、動植物学、薬学など二万項目からなり、当時の芸術、科学、文明に関する情報の宝庫。

**14** Gaius Julius Solinus　三世紀頃の文法家・著述家。地誌上の珍奇な事物や事柄を記述し、特にプリニウスの『博物誌』に依拠した『奇異事物集成』を著した。

**15** Maubert　パリでもっとも古い広場のひとつ。五区にある。

**16** 本書一四八頁脚注参照。

**17** 本書一二三頁脚注参照。

**18** 本書二一七頁脚注参照。

**19** monoceros piscis

# アリストテレスのひな鶏

その名声と権威は、もはやわざわざその名を挙げる必要もないほどだ。数世紀もの間、多くのテクストが、ただ「彼曰く」[1]というだけでこの人物のことを指しながら書き起こされることになるだろう。ダンテ[2]の『神曲』の中では、「知る者たちの師」として紹介されている。紀元前三八五年、アトス山の近く、スタゲイラで生まれたアリストテレスは、確かにあらゆることを知っていた。物理学、論理学、詩学、倫理学、修辞学、政治学、形而上学、生物学、動物学。ことに動物に関しては、無敵だった。羊の群れを観察するために羊飼いのところを訪ねたり、ミティリニ[3]では、浜辺に行って漁師の帰りを待ち、網の中をごそごそとかき回し、海に住む生き物の種類の豊富さを確かめたりした。蛸《たこ》の生殖器官がどこにあるのかも見抜いたし（どうやら首のとこ

**Aristoteles**
(384-322 BC)
アリストテレスは、ギリシアの哲学者。二〇年間もプラトンの弟子だったが、その後、博物学者の眼から「イデア」の探求を批判してペリパトス学派を創設した。その講義ノートが残っており、その話題は多岐にわたるが、主に四つに分類される。①論理学（『オルガノン』）、②自然学（『自然学』）、③形而上学（『形而

ろらしい)、おそらく鯨《くじら》や海豚《いるか》と対面する機会は一度もなかったと思われるのに、そうした鯨目が魚ではないことを証明しさえした。

アカデメイアでプラトン[4]の教えを受けたが、リセ、いわゆるリュケイオン[5]を創設したのはほかならぬこの人である。『動物部分論』『動物発生論』『動物誌』の三著の中で、アリストテレスは、ほとんどすべての動物について語っている。生殖の方法について思いをめぐらし、すみかや、単独で暮らすのか共同で暮らすのかといったライフスタイルや、移動の手段など、様々なことを考察した。こうして史上初の体系的分類学を構築したのだ。それは一種のはしご状になっていて、一番下の段にはミミズやハエなどが位置し、上っていくにつれて複雑になり、一番上の段には人間が位置している。

ところで、『形而上学』を著したこの哲学者が、どうも鶏類は苦手だったらしいと言ったとしても、その威光を貶《おとし》めることにはならないだろう。まず、誰もがそうするように、アリストテレスはこう問いかけた。卵は、雌鶏《めんどり》より先に来るのか、あとに来るのか、と。そして、可能態と現実態という対概念を用いて、こう答えたのである。雌鶏の卵は、潜在的な可能性として一羽の(雄/雌)鶏であるが、しかし、その可能態が現実態となるためには、現実の雌鶏がそれを受精する必要がある。しかしながら、存在論的かつ概念的/受胎的《コンセプチュエルマン》にいって、現実態は、可能態に先立つのである。つまり、われわれは一つの卵を、それが「何の」(雌鶏の、あるいは駝鳥の)卵であるかを言

上学』)、④実践道徳(『ニコマコス倫理学』)。彼の論理学と認識論は、トマス・アクィナスに再発見されて以降、中世ヨーロッパのあらゆる哲学を支配した。

1 ipse dixit

2 Dante Alighieri (1265-1321) イタリア文学最大の詩人。『神曲』(一三〇七—二一)は、該博な知識を駆使し、中世文明を集大成した、世界文学の巨峰。

3 ギリシア領レスボス島の町。

4 本書一二七頁脚注参照。

5 現代のフランス語で高校を意味するリセ(lycée)の語源となっているのがリュケイオンである。

わなければ、定義することができないのに対して、雌鶏（あるいは駝鳥）に関しては、何の問題もなくこれを定義することができるのである。それゆえ、雌鶏こそが最初なのだ（だが雄鶏は文句を言うかもしれない）。

アリストテレスはまた、受精卵とひな鶏の胚《どり》の観察もした。そしてとんでもなく重要な発見をしてしまったのである。科学がようやくその発見の痛手から解放――と言っていいだろう――されるにはそれから何世紀もかかるほどである。つまり、このスタゲイラ人は、「心臓中心説」なる理論を練り上げたのだった。心臓の鼓動が、〈運動状態にある〉最初のものだというのだ。ひな鶏の腹の中を探っていて、この哲学者は、そこにもっとも明白な生の脈動を見出し、そこからさらに解釈を広げて、この器官を、人間においても、知性の中心、認識とあらゆる連携機能の中心だとみなし、脳の役割を著しく過小評価してしまったのである。脳は、基本的に水でできており、心臓を冷ますだけの役割しか持っていないとアリストテレスは考えたのだ。

最後にもうひとつ。アリストテレスは医者の息子であったにもかかわらず、自分では「オペ」をしたことがなかった。しかし、いわゆるシャポン、つまり食用として太らせるための去勢鶏について、というかむしろ雄鶏を去勢するための方法について、実に美しい文章を書き残している。その方法とは、成育した雄鶏の生殖輸管の開口部である腔所を赤く熱した鉄で焼くというものだ。もしこの処置が、成体となった雄鶏に対して施されれば、この雄鶏は雌鶏たちに色目を使うことをやめる。もしまだ年若い雄鶏に対して施されれば、この雄鶏は、いわゆる「男性的な」特徴を発達させることなく体だけ大きくなる。こうして巨大な去勢鶏が手に入るというわけであり、その重さは、六キロや七キロになることさえあるという。

# 聖アウグスティヌスの孔雀

〈私はあなたから遠ざかっていたが、あなたはそのまま放っておかれた。すると私はふらふらと揺り動かされ、ばらばらになり、飛び散ってしまった。私は興奮で沸き立ちながら、姦淫の罪の中を通っていった。そしてあなたは、ただ黙っていた〉。本当を言うと、神はそれほど黙っていたわけではなかった。アウグスティヌスに聞く耳がなかったのである。彼の母モニカは、長い間ずっとアウグスティヌスに神の声を聞かせようと努力していたのだが、若い息子は、「現世の俗事をむさぼる」ことに時間をつぎ込み、「肉の堕落」にかまけていただけなのだ。

善なる神は、むろん何もかもお許しになり、そして彼を自分の近くに聖人としておくことを望まれた。教養ある人々や、とくに哲学者たち——彼を嫌悪していたニーチェ[1]の

**Aurelius Augustinus**
(354-430)
聖アウグスティヌスは、ヒッポ(北アフリカ)の司教を務めた神学者・哲学者。もともとキリスト教徒ではなかった彼は、さまざまな遍歴の後に劇的な回心を経験した(『告白』(四〇〇)に詳しい)。ストア派や新プラトン主義などのギリシア思想を取り込んで、キリスト教教父哲学の伝統を確かなものにした。「知と信」

ような少数の例外はあるが――は、『告白』を書いた彼に、永遠に感謝の念を捧げ続けることだろう。そこでは、確かにある種のやり方で、内面性の形而上学が切り開かれ、人にとって自分とは何なのかという謎を吟味する能力を備えた、ある「人格」が誕生しているからである。

生まれは北アフリカ（三五四年十一月十三日、タガステ、現アルジェリアのスーク・アラス）だが、ローマン文化の教養と言語で育ったアウグスティヌスは、マニ教の信徒であり、キケロ[2]を読んで哲学の道へと導かれ、まずカルタゴ[3]で修辞学の教師となった。その頃彼は一人の女性と一緒に暮らしていて、一子をもうけている。その子の名はアデオダート（「神の賜物」）という。

三八四年、彼はローマに向けて旅立ち、ついでロンバルディアの州都、ミラノに身を落ち着ける。そこで、聖アンブロシウス[4]の影響を受け、キリスト教に改宗する。教師の職を辞し、カッシキアクムに引きこもる。三八七年に洗礼を受け、ヌミディア[5]へと戻るための旅に出る。

タガステに戻ると、父の遺産を売り、宗教の共同体を創設した彼は、徐々に聖人としてのオーラを身につけていく。三九一年、ヒッポの司祭となり、さらに四年後、司教に任命される。この小さな田舎町の僧院で、彼はその主要な著作、とくに『三位一体論』と『神の国』を書き、離教者たちや異端者たちと激しい戦いを繰り広げる。

数世紀後、アウグスティヌス主義による教会や聖職者たちの方向性がローマ・カト



「意志」などをめぐって広範囲に鋭い洞察を示し、中世のみならず、近現代の哲学においても大きな影響を及ぼしている。その他『三位一体論』（四一七）『神の国』（四二七）など。

1 本書一一九頁脚注参照。

2 本書四七頁脚注参照。

3 北アフリカでもっとも栄えた古代都市。現チュニジアの首都チュニスの北東約一六キロメートルの地にフェニキア人が建設した。

4 Ambrosius（ca.339-397）ミラノの司教、四教会博士の一人。優れた説教と著作で知られる一方、聖歌を革新し、アンブロジオ聖歌の名を残して、キリスト教賛歌の父と呼ばれる。

5 古代ローマ時代の北アフリカの王国。

リック教会によって採用され、そのもっとも厳格な教義が、あらゆるキリスト教神学の核を定めることになるのだが、それはまだ先の話である。四三〇年に死去。時あたかも、ヴァンダル人[6]がヒッポを包囲するさなかのことであった。ベルベル人[7]アウグスティヌスは、教父たちの教父と呼ばれている。

聖アウグスティヌスの思想の価値を高めているのは、もちろん、その罪や恩寵に対する考え方であり、神の摂理について、あるいは時間について、公正さについて、自由と愛についての考え方である(「愛し、そして望むところを行いなさい」)。しかしその著作は膨大で、あらゆることを扱い、時には不意をつかれるような問いを取り上げている。

たとえば、〈ノアの箱舟の動物たちは、一体どんな食べ物を摂っていたのだろうか〉。あるいは、〈ネズミやトカゲ、あるいはバッタやスカラベ、ハエ、果てはノミといったような小動物たち〉は〈神の掟によって命じられた〉数を越えてしまったのではないか、など。

「ミラビリア」すなわち突飛な出来事や驚異的な現象についての彼の注釈の数々は、まさに特筆に価する。アウグスティヌスにとっては、それらはすべて神の全能性のサインなのだ。たとえば、〈炎の中で生きる〉サラマンダーも、〈鉄も火もその他いかなる力によっても〉まったく傷つけることができない——ただし「ヤギの血」だけは別——ダイヤモンドの原石も、あるいは、ほとんど種馬を必要とせず、風によって受

6 ヨーロッパからジブラルタル海峡をわたって北アフリカに侵入したゲルマン人の一族。
7 北アフリカに古代から住んでいる人種。ベルベル諸語を話し、北アフリカの山岳地帯や砂漠に広く分布する。七世紀以降はイスラム化されたが、固有の文化も保持する。

胎するカッパドキアの雌馬も。

あるいはまた、あの驚くべき孔雀《くじやく》も（『神の国』XXI、4）。創造主が「腐らないという特性」をその肉体に与えたという孔雀たちのことである。〈カルタゴでは、この鳥を焼いたものが供された。私たちはそれをかなり大きめに切ってもらい、薄切りにした胸肉を一枚保存してもらった。何日か経ったあと、ほかの焼いた肉ならすべて腐敗したであろう時間が経ってから、この切れ端をまた私たちのところに持ってきてもらったところ、それは私たちの嗅覚になんら不快を与えなかった。もう一度それを取っておき、三十日以上経ってからも、それはまだまったく同じ状態のままだった。そしてさらに一年が経過したあとも、同じ状態で、わずかに少し乾燥し、縮んでいただけであった〉。

# アヴィセンナの鳥

アブー・アリー・フサイン・ブン・アブドッ・ラーフ・イブン・シーナーは、そのラテン名、アヴィセンナとしての方がよく知られているだろう。

　彼は九八〇年頃、ブハラ近くのアフシャナで生まれた。現在ではウズベキスタンと呼ばれるイラン世界の極東の地である。彼はイスラムの伝統で言う「ハキム」、すなわち、傑出した賢者の代表であり、東方のイスラム文化が生み出した、史上もっとも偉大な哲学者とみなされている。その著作は、アラビア語とペルシア語で書かれ、人間の知が及ぶありとあらゆる範囲を視野に収めている。

　その『医学典範』は、アリストテレス[1]の生物学理論にヒポクラテス[2]とガレノス[3]の医学的原理を組み合わせたもので、何世紀にもわたって中東とヨーロッパの大学で

**Avicenna**
(980-1037)
アヴィセンナ（イブン・シーナー）は、イランの哲学者・医学者で、キリスト教世界では「アヴィセンナ」の名で知られてきた。『治癒の書』、『医学典範』など。イスラムという一神教的伝統の中にギリシア的諸学問の方法論ならびに世界観——宇宙の多様性——を導入した。その核はアリストテレス哲学だったが、さら

の医学教育の基本書となっていた。また、四つの分野——論理学、自然哲学、数学、形而上学——からなる巨大な百科全書である『治癒の書』（魂の、という意味）は、中世の思想の頂点のひとつであるが、これは、アリストテレスの著作が広まる前にラテン語に翻訳され普及したので、皮肉なことに、アリストテレスを西洋世界に紹介する役目を果たすことになったのだった。

　アヴィセンナは、生きている間から、医師としてだけでなく政治家としても有名だった。ホラーサーン[4]からイスファハン[5]にかけて、彼は何人もの為政者に仕えたが、ブワイフ朝[6]の君主シャムスッ・ダウラが彼を宰相《ワジール》に任じた。彼は偉大と退廃をともに経験し、名誉と逃亡と数々の陰謀や波乱、それに投獄も経験した。

　ヒジュラ暦（イスラム暦）四二八年（一〇三七）のラマダーン[7]のときに、ハマダーンで亡くなった。

　アヴィセンナの思想の神秘的な広がりは、何よりもまず、アンリ・コルバン[8]が「神秘的東方への旅の物語群」と名づけた三部作の中で展開されている。すなわち、『ハイイ・ブン・ヤクザーンの物語』『サラーマーンとアブサールの物語』『鳥の物語』である。

　鳥《とり》、それは魂だ。そして、神へと向かう魂の天上への上昇は、あたかも王の中の王の聖域《サンクチュアリ》まで、空から空へと昇っていく鳥の旅路のようだ。

　アヴィセンナは、それを一人称で語る。〈おお、真理の兄弟たちよ、狩人たちの一

に、霊魂に身体からの独立と能動とを認めてスーフィズムを理論化し、後の神秘思想に途を拓いた。

1 本書二三頁脚注参照。

2 Hippokratēs (ca.460-377 BC) 医聖とも称される古代ギリシアの医師。ギリシアだけでなく小アジアにも広く旅行して、当代最高の医師と呼ばれた。

3 Galēnos (ca.129-200) ローマ時代を代表するギリシアの医師。ヒポクラテスなどのギリシア系医学を受け継ぎ自身の医学体系を完成させた。

4 イラン北東部の州。北はトルクメニスタンと、東はアフガニスタンと国境を接する。

5 イラン中央部にある州。州都のイスファハンは、古くからこの地方の中心都市として栄え、一五九八年から一七二二年にかけてペルシアの首都だった。

6 十世紀にイラクからイラン南西部にかけての地域に成立

団が砂漠の中に出口を一つ作ったことを知っておきたまえ。狩人たちは網を張り、餌を仕掛け、そして茂みの中に隠れたのだ。かくいう私、この私は、鳥たちの群れの中にいた〉。原初の一体性を取り戻そうと切望する魂は、まず肉体の罠に捕らえられる。同様に、鳥はその翼を網の中にからませてしまう。だが鳥は逃れ、千もの困難の中で、一つ、二つ、八つと山を越え、第九の天まで、至高の王が統べる都まで昇る。〈その美しさによって、それは、あなたがじっと見とれる顔そのものであり、その気前のよさにより、それは、恵みを施される手そのものである。それに近づくものは、至高の祝福を見出すであろうし、それから離れるものは、この世界を、そして来たるべき世界を、失うであろう〉。

『鳥の物語』には、重要ないくつかのヴァリアントが伝えられている。中でもとくに重要なのは、アブー・ハーミード・ガザーリー[9]、（アリストテレスに次ぐ）「第二の師」によるものと、シハーブッ・ディーン・ヤフヤー・スフラワルディー[10]、イラン哲学の「光」によるものだ。だが、このテーマにもっとも完成度の高い表現を与えることになるのは、『鳥たちのことば』（Mantiq al-Tayr）を著したスーフィズム[11]のもっとも偉大な神秘主義詩人、ファリードッ・ディーン・アッタール[12]である。

『コーラン』の中で、ソロモンからシバの女王へのメッセンジャーとされている戴勝《ヤツガシラ》は、ことばをしゃべり、同じ羽を持った仲間たちを励まして、未知の土地に住む不可視なるものの使いである彼らの王、すなわちここでは霊鳥シームルグ――その名



したシーア派系イスラムのイラン人の王朝。ブーヤ朝とも。九三二－一〇六二頃。

**7** 太陰暦の第九月。イスラム教徒が断食をする月。

**8** Henry Corbin（1903-78）フランスの哲学者。イスラム文化やスーフィズムの専門家。ソルボンヌ大学教授を務め、ハイデガーを初めて仏訳した。著書に『イスラーム哲学史』（黒田壽郎ほか訳、岩波書店、一九七四年、絶版）など。

**9** Abū Hāmid al-Ghazālī（1058-一一一一）イスラム神学者・法学者・神秘思想家。ラテン名アルガゼル。アヴィセンナのアリストテレス的哲学を激しく批判した。邦訳のある著作に『誤りから救うもの――中世イスラム知識人の自伝』（中村廣治郎訳、ちくま学芸文庫、二〇〇三）など。ここではガザーリーを「第二の師」と呼んでいるが、普通「第二の師」と言えばファーラービー（ca. 872-950）を指す。

は「三十羽の鳥」を意味する——のところまで導く。

何度も逡巡したのち、すべての鳥はこの聖なる神を求めて旅立つ。彼らは何千羽もの大群となって、何年も何年も旅を続け、山々や峡谷を越える。あるものたちは疲労のために死に、またあるものたちは海に落ちたり、太陽に焼かれたり、寒さに体が動かなくなったりし、時には互いに殺し合ったりする……。

彼らは七つの谷を越える。探求の谷、愛の谷、知識の谷、解脱の谷、合一の谷、恍惚の谷、無一物の谷……、そして、疲れ果てて、彼らはついに目的地にいたる。だがその数は、もはや三十羽しかいない。

シームルグの顔の中に、彼らは世界をじっと凝視する。そしてその世界に、シームルグの顔が溶け込んでいくのを見る。もっと注意深く観察するうちに、三十羽の鳥たちは、自分たちがシームルグであることに、シームルグとは自分たち三十羽の鳥なのだということに気がつく。鳥たちの王、すなわち存在の真理とは、彼らそれぞれが自分の中に持っている真理を映し出す鏡だったのだ。



**10** Shihāb al-Dīn Yahyā Suhrawardī (ca.1155-91) イスラム神学者・哲学者・神秘思想家。イスラム哲学のもっとも重要な学派のひとつである「照明学派」の祖。神秘主義と哲学との歴史的接点を見いだし、イブン・アラビー (1165-1240) と並ぶ、十二世紀末に始まる後期イスラム哲学のもっとも偉大な思想家。

**11** 八世紀ごろ起こった、イスラムの神秘主義。神の愛、神との合一を強調し、独特の哲学を生み出した。

**12** Farīd al-Dīn Attār (ca.1150-1220) イスラムの神秘主義者、詩人。イラン文学史における神秘主義抒情詩の先駆者と言われる。代表作『鳥の言葉』。邦訳された著作に『イスラーム神秘主義聖者列伝』(藤井守男訳、国書刊行会、一九九八) など。

# ベーコンの蟻

どうやら、一五六一年一月二十二日にロンドンで生まれたフランシス・ベーコンは、エリザベス女王[1]の私生児だったらしい。その父親もはっきりとわかっていて、サー・ニコラス、件の女王の国璽尚書《こくじしょうしょ》[2]だった人だ。一方で、ベーコンはイギリスでもっとも有名な作家でもあったかもしれない。というのも、一説によれば、シェイクスピア[3]の全作品を書いたのは実はこの人だったと言われているからだ。いずれにしても、ベーコンは（ローマ皇帝マルクス・アウレリウス[4]を除けば）、歴史上もっとも多くの役職と名誉を持った哲学者である。法律家であり、代議士であり、次席検事であり、検事総長であり、国璽尚書であり、大法官であった彼は、サーの称号を与えられ、ヴェルラム男爵となり、セント・アルバン子爵となった。サー・フランシスは、野心家で、

**Francis Bacon**
(1561-1626)
ベーコンは、イギリスの政治家で、諸学の「大革新」を構想した哲学者で、文筆家でもある。「知は力である」として、人間を幸福へと導く新しい実験科学とそれを作り出すための方法論を先導し、アリストテレスの『オルガノン』（学問の「道具」を意味する）に代わり、学問の「新しい道具」を提案する『ノヴム・オルガ

遠慮というものを知らず、金と贅沢を愛した。そのため、その政治家としての輝かしい経歴は、汚職によって台無しになった。

とはいえ、彼の名が哲学史に刻まれているのは、そういう側面のためではない。むしろその科学技術の予言者としての側面のため、つまり彼が科学を、自然を支配するための道具、そしてその秘法を明らかにするための道具とみなしていたということのためなのである。その代表作『ノヴム・オルガヌム』において、彼はアリストテレス[5]の論理学に反対し、人間の精神を曇らせる偏見、すなわち「イドラ」（幻影）を四種に分類して列挙している。あらゆる人種に固有の「種族のイドラ」、個人に属する「洞窟のイドラ」、ことばによってもたらされる「市場のイドラ」、哲学のシステムによって広められる「劇場のイドラ」だ。

科学が、「知のための知」ではなく、「力のための知」となるように心がけていたベーコンは、学者のタイプを昆虫のタイプに見立てていた。蟻《あり》と蜂、そして蜘蛛（は昆虫ではないが、まあいいとしよう）である。

経験主義の学者たちは、自分たちの知を経験の上に立脚させるが、現実を観察するだけ、「事例」を過剰に積み上げるだけに終わりがちで、これは蟻のようなものだ。彼らは集め、そして消費するのである。一方、合理論者たちは、「精神的《メンタル》な」経験以外のことをせず、もっぱら抽象的な仕事にのみ向かって、決して現実に向き合おうとしない。彼らは立派な理論的格子を織り上げ、現実がそこにかかってくれるのを待つ

ヌム』（一六二〇）を世に問うた。晩年の『ニュー・アトランティス』（一六二六）は、彼の理想が実現したユートピアを描く。

1 Elizabeth I（1533-1603）イングランドとアイルランドの女王（在位一五五八－一六〇三）。

2 イギリスで国璽（国家の表章として押す官印）を保管する大臣。現在で言う法務大臣のこと。

3 William Shakespeare（1564-1616）英国が世界に誇る劇作家・詩人。その伝記に不明な部分が多いため、別人説が唱えられるが、現在、専門家の間では顧みられない。

4 Marcus Aurelius Autoninus（121-180）古代ローマ皇帝（在位一六一－一八〇）。五賢帝の最後の一人。ストア哲学に傾倒し、『自省録』を著す。

5 本書二三頁脚注参照。

のである。これは、自分の体から出す糸で網を張って、うっかりした獲物が引っかかってくるのを待つ蜘蛛に似ている。

サー・フランシスがもっとも好むのは、まず観察可能なデータを集め、しかしそこにとどまらず、次に自分の頭でそれを方法論的に吟味して、真の知を作り出そうとする学者である。だからこそ、ベーコンは蜂に賛辞を捧げていたのだ。蜂は、自然の花の恵みから第一の材料（「第一質料」）、つまり花粉を集め、ついでそれを甘い美徳、蜜に変えるからである。

# ベルクソンの土斑猫

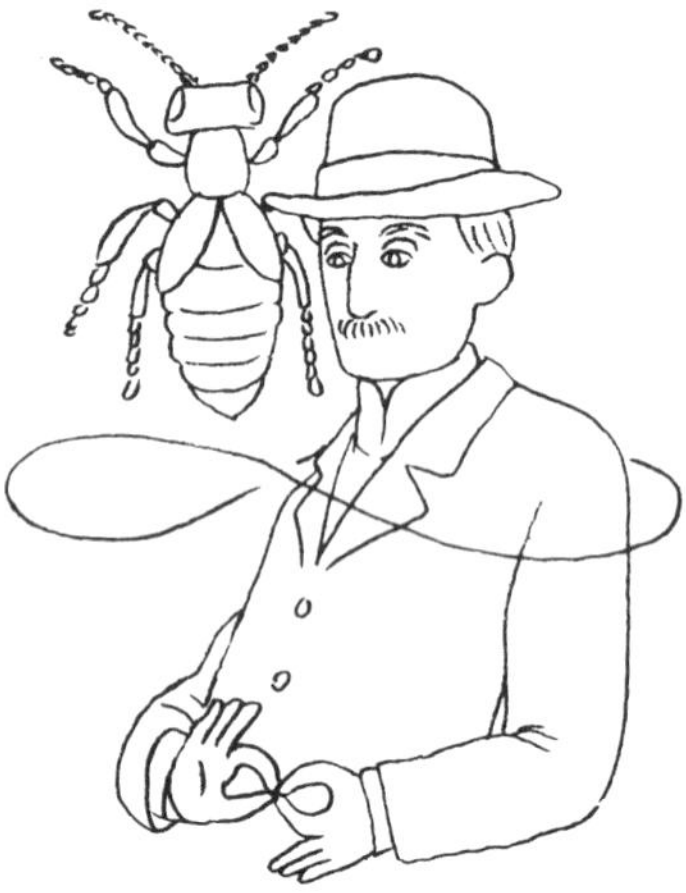

生命の進化の歴史の中で、〈多くの脊椎動物の系列を経て人間にまでたどりつく長い線の上で〉、どうやって知性が現れたのだろうか？　アンリ・ベルクソンは、その著作の中でもとくに『創造的進化』の中で、この問いに答えている。

その際、彼はひとつの美しいイメージを用いている。〈進化の運動というのはシンプルなものなのかもしれない。われわれはすぐにその方向性を定めたのかもしれない。もし生命が、大砲から発射された真ん丸い砲丸の軌跡のような、単一でまっすぐな行程を描いたのだったとすれば。だが、われわれがここで相手にしているのは、すぐに破裂してばらばらに飛び散る砲弾のようなものなのだ。その破片はそれぞれがまた一種の砲弾であり、それがまた破裂して飛び散り、それがまた、というふうに長い間続



**Henri-Louis Bergson**
(1859-1941)
ベルクソンは、フランスの哲学者。ベルクソンは、時間の本質が流れ（「持続」）であり、分割して計測することができないことを論じた。そこから記憶や生命（「エラン・ヴィタール」）の時間的性質を考察し、それらが科学には還元されないことを主張した。『時間と自由』（一八八九）、『物質と記憶』（一八九六）、『創

造的進化』（一九〇六）、『道徳と宗教の二源泉』（一九三二）など。

いていくのである［……］。砲弾が破裂するとき、その独特の分裂の仕方は、それが中に閉じ込めている火薬の爆発力の大きさと同時に、それに抵抗する金属の強さによって決まる。それぞれの個体や種における生命の分裂の仕方もまたそれと同様なのだ。それはおそらく、ふたつの系列の原因によっている。ひとつは、生命がその生の素材から感じる抵抗であり、もうひとつは、生命がそのうちに秘める――諸々の性向の不安定なバランスに帰せられる――爆発力の強さである〉。生は、言い換えれば、「性向」であり、そして〈ある性向の本質は、束状になって発展するということであるが、それは、ただそれが成長するというそのことのみによって、さまざまな拡散する方向性を作り出すのであり、それらさまざまな方向のあいだで、その生命力が分配されるのである〉。

〈植物的な形態と動物的な形態のあいだで揺れ動いた〉原初の有機体生物にまで遡らなくても、もっとも大きな「分裂」のひとつが、本能から知性を分かつことになったそれであることは理解しやすいだろう。本能と知性とは、同じ根から発して「分裂」したものなのである。

その両者の違いを説明するためにベルクソンが与えた定義は有名だ。〈知性のみが探そうとすることのできるいくつかの物事がある。しかし、知性は、それが知性であるがゆえに、決してそれらを見つけることはできない。それらを見つけることができるのは、本能である。だが、本能は、決してそれらを探そうとはしない〉。本能と知性は、環境からの刺激に対して生き物たちが実際にどうのように行動するべきかを教えるという使命を持ったふたつの能力である。だが、前者は、自然によってすでに配置された要素に対して「役立つ」のに対して、後者は、自然の道具が欠落しているところを補うための人工の器具を組み立てる能力を持つものだ。一方は無意識的なやり方ではたらくのだが、もう一方は自らを意識しており、そして、まさに解決すべき問題や乗り越えるべき困難を意識化することから生まれるのである。しかしながら、このふたつの区別は決してそれほど明瞭なものではない。というのも、どちらの場合にも、きちんと認識が存在しているからだ。その認識は、とベルクソンは言う、知性の場合には〈どちらかと言えば思考される〉認識であり、本能の場合には〈どちらかと言えば実演される〉認識である、と。

本能によるこの認識の「実演」、それはときに残酷なものになるのだが、ベルクソンはこれについて、たいへん驚くような例を挙げている。たとえばウマバエ、この巨大な虫は〈自分の卵を馬の足や肩の上に産み付ける〉のであり、〈まるでその幼虫が馬の胃袋の中で成長しなければならないこと、そして馬が自分の体をなめることで、生まれたばかりのその幼虫をちゃんと自分の消化管の中に運んでくれることを知っているかのように〉ふるまうのである。あるいは、黄色い羽を持つアナバチ、これは獲物を麻痺させて捕らえる膜翅類《まくしるい》で、その犠牲になるのはコオロギである。〈この昆虫は、コオロギがその三対の足を動かすための三つの神経中枢を持っていることを知っている、あるいは少なくともまるで知っているかのように行動するのである。アナバチはまずコオロギの首を刺し、それから第一胸節の後ろを刺し、最後に腹部の付け根のところを指すのである〉。あるいはまた、ジガバチ、これは〈獲物とした青虫の九つの神経中枢に対して九連続の針攻撃を行い、最後に頭をぱくりとくわえて、これをむしゃむしゃと食べる。青虫は、死ぬことはないまま、ただ麻痺させられるのである〉。

あるいは、最後に、あの土斑猫《つちはんみょう》の例。〈この鞘翅目《しょうしもく》の昆虫は、ハチの一種であるハナバチが掘る地中の回廊の入口にその卵を産み付ける。ツチハンミョウの幼虫は、長いこと待ったあと、雄のハナバチが回廊を出てくるところを狙ってしがみつき、ハチの「婚姻飛行」のときまでそのままくっついているのである。そのときが来ると、ツチハンミョウは、今度は雄から雌に乗り移る。そしてそのまま、雌が卵を産むのをじっと待ち、それから卵に飛び移る。卵は蜜の中で沈まない支えの役目を果たしてくれる。数日でその卵の中身を食べつくしてしまうと、そのまま殻の上にとどまり、そこで最初の変態を迎える。そうして今度は蜜の上で浮かんでいられるような体に変わると、格好の備蓄食物である蜜を消費し、さなぎになる。それから完全な成虫になるのである。こうした過程はなにもかも、まるでツチハンミョウの幼虫が、その孵化のときからすでに、まずハナバチの雄が回廊から出てくること、それから婚姻飛行のおかげで雌へと乗り移れること、そして雌が蜜の倉庫の中へ自分を導いてくれて、しかもその蜜が、自分が変態したあとで養分となること、そしてこの変態のときまでは、ハナバチの卵を少しずつ食べれば養分を蓄えることができ、蜜の中に浮いていることもでき、しかも、その卵の中身というのは、もしそれが孵ったら自分の敵になるわけだから、自分のライバルをそうやって消し去ることもできるということを、すべて知っているかのようなのである。そしてまた、こうしたことの一切は、まるで、ツチハンミョウ自身が、自分の幼虫がそういうことを知っているということを知っているかのようなのである。認識は、もし認識というものがあるとすれば、ここでは暗黙のものでしかない。それは、意識として内面化されることはないまま、きわめて明瞭な順序を踏んで外的に表されているのである。とはいえ、やはりこの昆虫の行動が、空間と時間のある特定のポイントで存在、あるいは生成する、ある決まった物事の表象を描き出しているということには変わりがなく、そういうことを昆虫自身が誰に教えられるでもなく知っているということも確かなのである〉。

きっと昆虫学者[1]が、彼は知性を持っているのだから、そういうことを教え込んだに違いない。

1 「虫の詩人」として知られるフランスの博物学者、ジャン＝アンリ・カジミール・ファーブルの『昆虫記』（日本語版は奥本大三郎訳『完訳ファーブル昆虫記』の第2巻下）に、ハナバチに寄生するツチハンミョウの生態が詳しく記されている。

# ビュリダンのロバ

ロバとビュリダンとでは、間違いなくロバの方がよく知られているだろう。この実直な動物は、ほとんど哲学の「スタンダード」、自由意志と無差別の自由[1]についてのあらゆる講義や議論を彩るトレードマークとなっている。ところが、ビュリダンについては、哲学を専門にしている人間でもなければ、そのファーストネームがジャンだということを知っているかどうかもあやしいところだ。パリ大学の教師であり、総長まで務めたこの人物は、しかしながら、もっとも重要なスコラ哲学者のひとりであり、ウィリアム・オッカム[2]の後を継いだ「唯名論者」であり、アリストテレス[3]の見識豊かな注釈者であり、新しい哲学の実践の方法、すなわち「近代の道」を開いた先達であり、論理学者にして、ガリレオ[4]にもその名が知られるほどの物理学者でもあった

**Jean Buridan**
(ca.1298-1358)
ビュリダンは、パリ大学学芸学部で活躍した自然学者・論理学者。「インペトゥス理論」を提出して後代の自然学者に大きな影響を与えたことも重要だが、何はさておき、ビュリダンと言えば「ビュリダンのロバ」である。もっとも、この寓話が彼の著作中にそのままの形で見出されることはないのだが、それでも、この

のだ。だが果たして、彼はロバを飼っていたのだろうか。というかむしろ、どうしてこのロバが「ビュリダンの」ロバになってしまったのだろうか。もしかしたら、それは犬か、あるいは虎だったかもしれないのだ。

　驚くべきことに、ジャン・ビュリダンのどの著作を見ても、ロバの痕跡はまったくない。雄だろうが雌だろうが子供だろうが、まったくだ。ただ、その著『ソフィスマタ』（詭弁）の中で例としてあげたいくつかのフレーズの中に出てくるだけである。したがってもし、「ビュリダンのロバ」[5]なる表現が出回っているとすれば、それはおそらく、ビュリダンが講義の中で学生たちに対してこの動物のことをほのめかしたのだと推測するよりない。そしてその話が世代から世代へと受け継がれ、いつしか誰もが当たり前のように、ロバはビュリダンの専売特許と認めるようになったのだろう。

　たぶんこの哲学者は、教え子たちにこんな話をしたのではないだろうか。「みなさんのロバは三日間何も食べていない。お腹も空いているし喉も渇いている。さて、みなさんはその動物の前に、同じ距離のところに、左側には燕麦の入った飼い葉桶を、右側には水の入った桶（あるいは、最初のと同じような燕麦の入った桶）を置くとしよう。ロバはどうするだろうか。きっとロバは動けなくなるだろう。どちらも選ぶことができなくて、地面に倒れ、飢えと渇きで死んでしまうだろう」。

　このたとえ話から、人は確かに、自由とか、熟考とか、決定とか、意志と理性の役割とかについて、深く考えることができる。人間は、なるほど、理性を持っている。

寓話は、普通、背理法と解され、合理的計算が意志決定に先行することへの反駁として、常にビュリダンの名の下に引き合いに出される。

1 無差別の自由とは、行為や意志が、前もって決定されていないという意味で、自由であることをいう。

2 William of Ockham（1285-1349）中世イギリスのスコラ哲学者。普遍的なものはただの記号・名辞としてしか存在せず、実在するのはそれぞれの個物のみとする唯名論を唱えた。唯名論に対立するのは実念論（実在論）で、これはプラトンのイデア論の流れを汲み、個物に先立って普遍概念が実在するとする考え方。唯名論と実念論の論争が、中世の「普遍論争」である。

3 本書二三頁脚注参照。

4 Galileo Galilei（1564-1642）イタリアの物理学者・天文学者・哲学者。近代科学の父と

と同時に、自らの意志によって、場合によっては非理性的ともいえるような決定を下す能力も持っているのである……。人間なら、たとえ喉が渇いていなくても飲むことがあるし、お腹が空いていなくても食べることがある。一種の「ダブル・バインド」、二重拘束状態に置かれたロバは、「決定する」ということができなかった。同じ状態に置かれれば（そして燕麦とは違うものを前にして）、馬やラマや、あるいは狐でも、同様にお手上げになるだろう。

ダンテ[6]は、一三〇七年から一三二一年のあいだに『神曲』を書いた。ビュリダンは、おそらく一二九八年頃にベチューヌ[7]で生まれ、一三五八年頃に亡くなっている。ところで、われわれは「天国編」の第四歌に、こんな一節を読むことができる（ただし、ビュリダンが読むことができたとは考えられないが）。〈等しく離れ、等しく魅力的な二つの食物のあいだで、自由に選ぶことのできる人間は〔人間だって?〕、それに歯を立てる前に死ぬだろう。ちょうど一匹の子羊が、腹をすかせた獰猛な二匹の狼のあいだで、どちらも等しく恐れながら、身動きできなくなるように。あるいはまた、二頭のダマシカのあいだの一匹の犬のように〉。

もっとさかのぼれば、アリストテレスや、あるいはセクストゥス・エンピリクス[8]などに行き着くかもしれない。彼らもまた犬の例を挙げている。あるいはまたオウィディウス[9]を挙げたっていいだろう。『変身物語』にはこう書かれているからだ。〈飢えにせき立てられた虎が、向かい合った二つの谷から、二つの牛の群れの鳴き声を聞

言われる。振り子の等時性の発見や落体の法則の定式化などの業績のほか、自ら改良した望遠鏡で木星の衛星や太陽黒点を発見した。コペルニクスの地動説を支持したため、一六三三年宗教裁判にかけられ地動説の放棄を命じられた。そのとき「それでも地球は動く」とつぶやいた、というのはどうやら眉唾らしい。『新科学対話』（一六三四）などに見られる文章家としての才も名高い。

5 「ビュリダンのロバ」とは、同質同量の二つのまぐさの中間に置かれたロバは、どちらをとるべきか決定できずに餓死するという寓話。

6 本書二四頁脚注参照。

7 Béthune　フランス北部、パ＝ド＝カレー県にある郡庁所在地の一つ。第一次、第二次世界大戦を含め、たびたび戦火を受けたが、十四世紀の鐘楼は残っており、ユネスコの世界遺産にも登録されている。

き、どちらを襲うべきか決めかねているように……〉(巻五、百六十五行)。しかし、歴史はビュリダンのロバを残した。ロバについては何も書いていないこの哲学者の。なるほど確かに、うすのろのロバは、どうしてだかわからないが、獰猛な虎や狼よりも、ずっと「哲学的」だという気がしないでもない。



この鐘楼の建設時期が、ちょうどビュリダンの生前にかぶっているが、ビュリダンはパリに出てきているので見ていたかどうかはわからない。

**8** Sextus Empiricus (ca.200 -250) 古代ギリシアの医者、哲学者。アレクサンドリア、アテネで活動。懐疑派の代表者の一人。

**9** Publius Ovidius Naso (43 BC-17) ローマの詩人。『変身物語』は、ギリシア・ローマの神話伝説のもっとも華麗な集大成として広く読まれ、シェイクスピアらにも大きな影響を与えた。

# キケロの鶴

この世界には、世界それ自身をのぞいては、完全無欠なものだとか、完璧なものなど、何ひとつない。したがって、あらゆるものは、それ以外のもののために創造されているのだ。そのことが理解できるのは、何らかの製造物を考えたときである。水差しは水を入れるために作られ、〈楯覆いは楯のために、鞘は剣のために作られている〉。さらに言えば、この考えは、生き物たちを養ってくれる「大地の生産物」にだって適用できないわけではない。しかし、人間が別の人間のために作られたとまで言うのには抵抗がある。まるで人間が「もの」に貶められたかのように、奴隷になったかのように聞こえるからだ。

では、動物はどうだろうか。キケロにとっては、ことははっきりしている。「動物

**Marcus Tullius Cicero**
(106-43 BC)
キケロは、ローマの政治家であり、ストア派の哲学者である。『老年について』『友情について』『義務について』(すべて前四四)など。彼は政治家として波乱の生涯を送った。そのような実務家としての生活を反映してか、彼の著作は、哲学においても、体系を追求するよりは、ギリシアのさまざまの思想を実践に供しようとした折衷的なものである。

は人間のために作られたのである。たとえば馬は人間を運ぶために、牛は畑を耕すために、犬は狩りをし、見張るために」。

マルクス・トゥッリウス・キケロは、紀元前一〇六年、ラティウム[1]の南にあるアルピーヌムで生まれた。彼はその生涯を通じて、法律家として（ローマ最高の弁護士だったと伝えられている）、また政治家として、旺盛に活動した。執政官となった彼は、民衆を母体とする政党のリーダーであるL・セルギウス・カティリーナが共和政に反対して企てた陰謀を阻止した。だが、カエサルの下では亡命を余儀なくされ、ギリシアに逃れた。カエサルの死後、再び政界に復帰した彼は、オクタウィアヌスの側につき、敵対するアントニウスに向けて、激しい弾劾演説《フィリピカ》を放っている。アントニウスは報復し、前四三年、キケロは暗殺された。

キケロの最大の活動は、だが何と言っても文学と修辞学と哲学であった。書くという芸において、彼は卓越しており――「古典ラテン語」とだけ言えば、それは彼の書いたもののことだ――、そして、こう言ってよければ、彼はラテン語の哲学的散文というものを発明したのである。キケロは、ギリシア文化の遺産をローマ世界に伝え広める偉大な通訳者であった。彼は人間の幸福と不幸に関心を持ち、プラトンから借りた対話形式で、友情について、老年について、誠実さについて、義務について、正義について、運命について、論じる文章を著した。

幅の広い人間であった彼は、人間の善という問題を、さまざまな観点から検討した。

彼の文体はその後のラテン語散文の鑑となった。

1 イタリア中部の地方ラツィオのラテン語名。古代ローマ発祥の地。

時にはエピキュリアン的であり（至高の善とは、快楽である）、時にはストイックであり（善とは美徳と理性である）、そして時には新アリストテレス主義的であった（善とは、肉体の要求と精神のそれとのバランスである）。

『神々の本性について』の中では、快楽主義者《エピキュリアン》ウェレイウスと禁欲主義者《ストイシアン》バルブスが対比されているが、そこでは、宇宙の秩序と美が描き出され、宇宙の最終目的は、目には見えない、だが決して疑い得ない「神の摂理」にしたがって、人間の善のためにはたらくことだとされている。動物が人間に奉仕するために作られたという考えは、こうした枠組みの中で表明されたものである。

実際、雌羊は何の役に立つというのだろう。〈人間が世話をしてやらなければ、自分で餌を手に入れたり、食べたりすることができず、何であれ何一つ生み出すことのできない〉雌羊などというものが役に立つとしたら、ただ〈その羊毛を刈り取って編み上げれば、人間の衣服として役に立つ〉というだけではないだろうか。あるいは豚はどうだろう。〈自然がこれほど多産な動物を、ほかにまったく生み出さなかったのは、この生き物がまさに人間の食料になるためにつくられたからなのだ〉。

動物を、単に人間に奉仕するためのものとみなしていては、もちろん彼らを尊重するという考えなど思い浮かぼうはずがない。ただしこの「尊重」が、職人が自分の道具に対して抱くような種類のものである場合は別である。つまり、確かにキケロは、動物にも「権利」があるという考え――そんな考えは文明の中でもっとあとになって現れたのだ！――は持っていなかったとしても、それらを観察する目は持っていたのである（あるいはアリストテレスが観察したものを観察する目は）。たとえば、彼は鶴《つる》について、こんなふうに言っている。〈鶴たちは、もっと暑い地方にたどり着くために海を渡るとき、三角形の隊列を作る。この三角形の頂点は、自分たちの目の前の空気をかく。それから、両端の二つの面では、鳥たちの翼が櫂のような役目を果たし、後ろに行くにつれて少しずつ飛ぶのが楽になっていく。鶴たちが作る三角形の底辺は、ちょうど船の後尾がそうであるように、風の助けを受ける。その上、後ろの鳥たちは頭と首を、前の鳥の背中に乗せることができる。支えのない先頭の鳥はそうすることができないので、交代で休むために後ろの方へ飛んでいく。すると休んでいた鳥たちの一羽が今度は先頭につく。そして、この交代劇は、飛行の間中ずっと観察されるのである〉。

動物が人間に奉仕する？　彼らはむしろ人間たちに教えてくれるのだ。みなさんはすでに見たことがおありだろうか。トゥール・ド・フランスで、チームごとのタイムトライアルの際、選手たちが順番に〝リレーする〟そのやり方を。

# ドゥルーズとガタリのマダニ

もしいつの日か、ミシェル・フーコー[1]の言葉通り、〈世紀がドゥルーズ的なものになる〉ことがあるとしたら、それは、私たちが、『千のプラトー』の冒頭でジル・ドゥルーズとフェリックス・ガタリが使っている表現をしっかりとつかんだということを意味するだろう。すなわち、〈〝書く〟ということは、〝意味する〟ということとは何の関係もない。むしろ〝測量する〟とか、〝地図化する〟、これからやってくる土地についてさえそうするということと関係がある〉のだということを。そのとき、〝哲学する〟ということは、要するに、〝他者になる〟ということを説明する《エクスプリケ》（あるいは伴う《アンプリケ》）ことができるような諸々のコンセプトを作り出すことに帰着するのであり、それらのコンセプトを通じて、われわれは、現実を、同一性や類似や類推の用語ではな

**Gilles Deleuze**
（1925-95）
ドゥルーズは、フランスの哲学者。ベルクソンやスピノザなどに関する哲学研究を経て、『差異と反復』（一九六八）では潜在性や微分の概念をもちいて、差異や創造性を生産するシステムの問題を考察した。その後、ガタリとの共著『アンチ・オイディプス』（一九七二）、『千のプラトー』（一九八〇）では哲学を芸術や科

く、むしろ微分の用語や差異あるいは多層性の戯れとして思考することができるようになるのである。

「欲望の流れ」「欲望する機械」「ノマディズム」「アレンジメント」「内在平面」「リゾーム」「リトルネッロ」「強度の塊」「闘争機械」「器官なき身体」……。この二人の〝木工職人〟が作り出したコンセプトの数々は、広く世に出回り、寄木細工のように錯綜して重なり合い、異質なものが混成した《へテロな》現実のいくつかの面に触れさせてくれる。そしてそれらのコンセプトの妥当性は、その「活力」によって、それらが引き起こす出来事によって、それらが切り開く生成によって測られるのであって、もはや、それらの現実への「合致」によって測られるのではない。というのも、現実への「合致」を求めることは、常に表象することにしか行き着かず、決して何一つ創造することはできないだろうからだ。

まさにそれゆえ、大きな一陣の風のように、彼らの「ノマド的思考」は、触れるものすべてを、とりわけ『アンチ・オイディプス』(ここでは二人の共著にだけ話を限る)において精神分析を、壊乱し、ひっくり返し、「脱領土化」するのである。

さながらフロイト[2]のソファの下に置かれた爆弾とも言うべき『アンチ・オイディプス』ほどではないにせよ、『千のプラトー』でもやはり「動物になること」が問題になるたびに、精神分析はそこでこってりと油をしぼられている。「動物になること」というのは、実はかなり複雑な概念だ。ドゥルーズとガタリによれば、フロイトは、

学との縦横無尽な関係のなかにおき、哲学の役割は概念の創造であるとした。また、プルースト論や映画論など芸術に関する著作も数多く残している。

**Félix Guattari**
(1930-92)
ガタリは、フランスの精神分析学者。ラカン派から離脱して、精神医学を改革する運動を展開し、その後、さらにはエコロジーに踏み込んだ。環境、社会、精神のエコロジーの三区分を強調し、それら三つが切り離せず、同時に改革することが必要であると述べた。ドゥルーズとの共著のほかには、『機械状無意識』(一九七九)、『三つのエコロジー』(一九八九)、『カオスモーズ』(一九九二)など。

**1** Michel Foucault (1926-84)
フランスの哲学者。科学史・思想史の認識論の分野を開拓

決してリゾーム状には思考しておらず、強度についても、多様性についても、「群れ」についても、何ひとつ理解していない。〈フロイトは、オイディプス化された狼や犬のことしか知らない。去勢を施す去勢されたパパ狼、犬小屋の中の犬、要するに精神分析学者のワンワンしか知らない〉。動物の中に、フロイトは欲動の代表者しか、恐怖症の支えしか、両親の表象しか見ない。たとえば小さなハンス（「狼男」）の場合では、〈馬の遮眼帯は父の鼻眼鏡であり、口の周りの黒さは父の口髭であり、後脚の跳ね上げは両親の性交である〉。

ドゥルーズとガタリにとっては、三種類の動物が存在する。第一に「個体化され、飼い慣らされた、家族的、感傷的な、オイディプス的な動物」であって、それらの下に、精神分析学者は、「パパや、ママや、弟のイメージ」を見るわけだ。第二に「性格ないしは属性を持つ動物、属に分かれ、分類されたり、あるいは国家に属する動物」であって、これらは神話の中に見出される。そして最後に〈もっと悪魔的で、群れと情動を特徴とし、多様体や生成変化や個体群やおとぎ話《コント》をなす〉動物である。

これらの動物たちについて、動物になることについて、擬人法的な見方とは違うやり方で語るために、ジル・ドゥルーズとフェリックス・ガタリは、ヤコブ・フォン・ユクスキュル[3]の動物行動学の研究を引用する。ユクスキュルこそ、まさに、すべての生き物が〝同じ〟世界の中で生きてはいないことを示し、また、それぞれの動物がその環境に対して持つ関係は、私たちが私たちの世界の対象《オブジェ》、動物も含むすべての

し、西欧文明の歴史における思考形式の構造の変遷を探った。いわゆるフランス現代思想の立役者の一人で、同時代の思想に大きな影響を与えた。『言葉と物』（一九六六）、『知の考古学』（一九六九）など。

**2** Sigmund Feud（1856-1939）オーストリアの神経学者で、精神分析の創始者。その仕事は精神医学の領域をこえて、社会科学、文学研究、現代思想にまで大きな影響を及ぼした。『夢判断』（一九〇〇）、『精神分析入門』（一九一七）など。

**3** Jakob Johann Baron von Uexküll（1864-1944）ドイツの動物学者・比較心理学者。『生物から見た世界』（一九七〇、邦訳岩波文庫）。

対象《オブジェ》に対して取り結ぶ関係と、同じ空間の中でも、同じ時間の中でも、繰り広げられていないということを示した人物なのである。

それぞれの動物については、それゆえ、その形や諸機能や諸器官をではなく、むしろ――そこでわれわれはドゥルーズに親しいスピノザ[4]が現れるのを見ることになるのだが――情動を見なければならない。「経度」すなわち「運動と休息の、速さと遅さの、しかじかの関係の下にそれに帰属する要素の総体」と、「緯度」すなわち「ある力、あるいは力能の度合いに応じて、それがとりうる強い情動の総体」を、見なければならないのである。

ではその場合、ダニとは何だろうか。ある晴れた夏の日、虫たちがあちこち飛び回り、鳥たちは歌い、草原の牛たちや干草の匂いがただよっている情景などを、想像するには及ばない。『千のプラトー』に、このクモ綱ダニ目の節足動物が現れるのはこんなふうにしてだ。〈マダニは、光に誘われて、ある枝の先端までよじ登る。哺乳動物の匂いを感知し、それが枝の下を通りかかったとき自ら落下する。それから、できるだけ体毛の薄い場所を選んで、皮膚の下にまで入り込む。三つの情動だけ、ただそれだけだ。残りの時間、マダニは寝ている。時には数年間も。巨大な森の中で起こっているほかのことには何一つ見向きもしないで。その力能の度合いは、たらふく血を吸ってから死ぬという最良の上限と、飢えたまま待ち続けるときの最悪の下限という、二つの限界のあいだにすっぽりと収まっているのである〉。

4 本書一五頁脚注参照。

# デリダの猫

〈子猫《こねこ》の悪い癖は（アリスは前にもそういったことがある）、こっちが何をいっても、いつも喉をごろごろ鳴らして答えることだ。「もし『はい』のときにはごろごろいって、『いいえ』のときには『にゃあ』というとか、そんな決まりがあれば、猫たちとおしゃべりが続けられるのに！　だけどいつも決まって同じことしかいわない人と、どうやっておしゃべりができて？」。このときも、黒い子猫はただごろごろいうだけだったので、「はい」といいたいのか「いいえ」といいたいのか、さっぱりわからなかった〉。これはジャック・デリダが、自分のために編纂された『自伝的動物』という本に寄稿したテクスト「ゆえにわれあるところの動物」の中で引いた『鏡の国のアリス』の一節である。となると問題は、動物たちが話せるのかどうか、言語を持っているのかど

**Jacques Derrida**
(1930-2004)
デリダは、アルジェリア生まれのユダヤ人で、フランスの哲学者。西洋形而上学を階層的な二項対立を生み出すものと批判し、その根底にある同一者を、他者との差異と自己反復の運動、すなわち「差延」のシステムへと解体しようとした。この「脱構築」の手法は、思想、芸術、法、政治など広範囲にわたって実践され

うか、ということなのだなと思う人もいるだろう。もちろんそうではない。自分の飼い犬や飼いモルモット（？）が自分にこんなことを話した、なんて話を何時間でもしたい人は、誰でもどうぞご自由に！　デリダの言いたいことは、まさにアリスのそれと同じなのだ。だがデリダはそれをすぐに深淵の中に放り込むのである。つまり、動物は答えることができるのか、単なる反応ではなくて、返答を返すことができるのかどうか、人は動物によって〝返答する〟とはどういうことかを学ぶことができるのではないか、誰に、何に、何について、誰について、返答するのか？　ということを。

　デリダの著作、そこには脱構築と差延という概念がラベルのように貼り付けられているわけだが、それらはすべて、ただひたすら「現前」の形而上学と同一性の論理を脱臼させることに捧げられている。だが、その仕事が基本的に様々な「テクスト」を巡るものであるとしても、この哲学者が、人間同士が織り成す関係についても決しておろそかにはせず、常に〝他者〟の問題を気にかけていることははっきりと見てとれる。その〝他者〟に対して、人は歓待のエチカへと誘われるのであり、前もって準備などしないで〈なされる〉ある〈開き〉へと、人間同士の出会いの出発点として差異を置くある対話へと、呼び招かれるのである。

　あらゆる領土化、すなわち、あらゆる壁と境界の屹立や、あらゆる「所有物《プロプル》」の形成――「固有《プロプル》」の領土であれ、ある土地であれ、ある言語であれ、ある身体であれ、ある「自我」であれ――には、他者と外部が必要である。したがって、他者性は、た

た。『声と現象』（一九六七）、『弔鐘』（一九七四）、『法の力』（一九九四）など。

とえ隠されたり否定されたりしていても、常にそもそもの初めからそこに関わっているのだ。そして、デリダ自身の用語でいうよそ者《レトランジェ》とは、何よりもまず「最初の質問を投げかける者」のことなのである。だが答えるのは誰なのだろう。一方と他方が面と向き合うとは、どういうことなのだろう。

「ゆえにわれわれあるところの動物」の中で、デリダはそれについて見事な例を挙げている。〈私はよく自分に、ちょっと試しに、私は誰なのかと自問する。私は誰なのか、裸でいるとき、不意に、黙ったまま動物の眼差しに、例えば一匹の猫の目に、見つめられているのに気がついたときの私とは誰なのだろう。そんなとき、私は居心地が悪くなる。そう、困惑するのである。どうしてだろう。私は恥じらいの動きを抑えることができなくなる。そのみだらさに対して自分のうちに反発がわき上がってくるのを抑えることができなくなる。裸でいるということ、つまり、自分を身じろぎもせず見つめる、ただ見つめる猫の眼差しの前で、性器をさらし、一糸まとわぬ姿でいるということのうちに含まれるかもしれない不作法さに対して反発がわき上がってくるのである〉。

なぜ人はここで恥を経験するのだろう。何に対しての、誰に対しての、それは恥なのだろう。「けもののように裸でいることに対する恥」か。だが動物は、自らの裸体性についての知を持つこともないのであって、それゆえ動物は裸ではないのだ。〈裸の私を見る猫の前で、私はもはや裸体性という感覚を持たないけものとして恥を感じるのだろうか。それともその反対に、裸体性の感覚を保持したままの人間として恥を感じるのだろうか。そのとき私は誰なのだろう。一体何者なのだろう。それを一体誰に聞くべきなのだろう。他者以外の誰に？　そしておそらく猫自身以外の誰に？〉

猫は答える。まずその名において、その名のうちに。〈「猫」という種の一個体としてでも、むろん「動物」という属や界の一個体としてでも〉なく。〈彼は私のところへ、あの生きたかけがえのない者としてやってきて、ある日、私の空間の中へ、入ってくるのだ。この空間の中で、彼は私に出会うことができたのであり、私を見る、いやそれどころか裸でいる私を見ることができたのだ〉。そして、それがその名において、その名のうちに、近づいたり遠ざかったりするとしたら、それは、「いかなる概念にも反抗する存在」たるそれが「死すべき存在」でもあるからなのだ。というのも、〈彼が一つの名前を持った途端、その名はすでに彼より長く生き延びる〉からである。つまり、〈彼はやがて来るかもしれない自分の消滅を自らサインしているのだ。私の消滅をも、である。そしてこの消滅は、そのときまでずっと、fort/da〔いないいない／ばあ〕をくり返し、裸であろうがなかろうが、われわれのうちどちらかが部屋を離れるたびごとに、いつもその存在を告げ知らせるのである〉。

デリダは、恐ろしく深い瞑想の込み入った道を通って、動物に「自分自身でいるという素質」があるということを認めるにいたる。〈自分自身で自らの運動を気にかけ、装い、生きている自らの痕跡の影響を受ける能力がある〉ということを認めるにいたる。それについてとやかく言うのはよそう。その差し向かいの対面を邪魔しないために。〈動物はそこ、私の前に、私の近くに、私の目前にいて、私はその後ろに従っている。それゆえまた、彼が私の前にいる以上、彼は私の後ろにもいるのである。彼は私を取り巻いている。そしてこの〝私の目の前の存在〟である彼はおそらく、自分を見られるがままにすることもできる。だが同時に、哲学はたぶんそのことを忘れているだろうが、というか哲学とはこの計算された忘却そのものなのだが、彼は、私を見ることができるのである。彼は私に対して視点を持っている。絶対的な他者の視点を。そして私は、隣にいる者や近くにいる者の絶対的な他者性について、決してこれほど考えさせられることはないだろう。一匹の猫の眼差しのもとで、自分が裸でいるのを見るという、こうした瞬間以外には〉。

# デカルトのカササギ

ルネ・デカルトは犬を一匹飼っていた。名前は、ムッシュー・グラ。やがてデカルトがオランダに旅立つとき、その犬も一緒に連れて行くことになる。彼はこの犬をたいそう愛していて、その健康状態に気を配り、その犬の子たちが高貴な出身であることを自慢し、多くの時間をその犬とじゃれあって過ごした。明らかに、デカルトはその犬をタイプライターだとは――というか第一、まだそんなものは存在していなかったのだが――思っていなかったし、ウインチだとも水圧ポンプだとも思っていなかった。幸い、ムッシュー・グラは、自分の主人の著作を読んでみようという気まぐれは起こさなかったから、この主人が、その有名な「動物＝機械」論にしたがって、ほかの犬たちや、カササギや、猿や、オウムや、牡蠣についてどういうことを言っていた

**René Descartes**
(1596-1650)
デカルトは、フランスの哲学者だが、その生涯の大半はオランダで過ごされた。アリストテレス＝スコラ主義に反対して観念論の可能性を切り拓き、「明晰判明な観念」で世界を再構成しようとした。その再構成のための第一原理である「私は考える、ゆえに私はある」という命題から神の存在を証明し、その誠実性に

かは、知らずに済んでいたのだった。

この理論のおかげで、デカルトは、動物愛好家たちからまさにけもののように嫌われている。もちろん、身体を持つ者になら誰にでもこの機械論《メカニック》の原則は十分に当てはまるのだということについて、そうした人たちはうまく反論できないだろうが、それでも実際、〈各動物の身体の中にある、種々様々な骨や、筋肉や、神経や、動脈や、静脈や、その他のあらゆる器官〉が、その動物を一個の機械にしている、などという考えは、おぞましいと彼らは思うのだ。とはいえ、人体もまた一個の「機械」なのである。人間には、「あれこれと考える魂」がある。そして、それゆえにこそ、本来、動物とは根源的に区別されるのである。動物には、確かに、思考の存在を表すもっとも明白なしるしである言語が欠けているのだ。

しかし、それでも自分の飼い猫に話しかける人はいるし、プードルだとか、それに特にオウムなどは、いろんなことをよくしゃべるのではないだろうか。だが、デカルトはそうは考えない。ムッシュー・グラにはおあいにくだが。〈なるほど、カササギやオウムはわれわれと同じように言葉を発するが、しかし、われわれと同じように話すことはできないのである。つまり、その言っていることが彼らの考えていることだと、はっきりわかるようには話さないのである。それに対して人間は、たとえば、生まれつき耳が聞こえず、口が利けなくて、ほかの人たちなら話すために使う器官を、けものたちと同じかあるいはそれ以上に奪われていたとしても、自分たち自身で何ら

基づいて宇宙の理解可能性を正当化しようとした。『方法序説』（一六三七）、『省察』（一六四一）、『哲学原理』（一六四四）など。

かの記号を生み出すのが普通であるし、それによって彼らはほかの人たちに言いたいことを理解してもらうのであり、またほかの人たちも、いつもその人たちと一緒にいれば、そうしたことばをすすんでわかろうとしてくれるのである。そしてこのことは、単に、けものたちが人間ほどには理性を持っていないということを示しているのではなく、まるっきり持っていないということを示しているのである〉（『方法序説』第五章）。

確かに、動物たちは叫びを上げたり、いろんな姿勢をとったり、ある振る舞いをしたりして、何かを「意味する」ことや、人間たちに〈合図を送る〉ことができるし、相手のしるしに答えることもできる。そんなふうにして、彼らはその「情念」を自然の本能によって伝えているのだ、とデカルトは言う。すなわち、それは思考ではないのだと。たとえば、カササギを見てみよう。〈カササギに、もしその女主人が現れたらこんにちはと言うように教えたとしても、それはただ、その言葉を発することがカササギの情念のどれかひとつの動きを表すようにしているということでしかありえません。つまりそれは、たとえばその言葉を言うと何かおやつを与えるようにしてしつけた場合には、食べるものを手に入れられるだろうという希望を表す運動になっているわけです。そして、同じように犬や馬や猿たちをしつけてやらせるようにすることは、どれもこれも、彼らの恐れだとか、希望だとか、喜びだとかの動きを表しているにすぎないのです。つまり、彼らがまったく思考を持っていなくてもできることなのです〉（ニューカッスル侯爵宛一六四六年十一月二十三日付の手紙）。

動物たちは理性を持っておらず、認識によって行動するのではない。ただその諸器官のある特別な配置によってそうしているにすぎない。それゆえ、われわれは正当に、動物たちを「機械」と呼ぶことができるのである。人間は、運動はするが思考は持たない自動人形を作り出す。自然もまた同じことをするというわけだ。ただ自然が作り出す「動物＝機械」は、人間の巧みな技が生み出すロボットよりも、もう少し複雑で〈よりきっちりとできている〉という違いがあるだけなのだ。

こうしたデカルト理論からは、動物たちの喜びそうなことは引き出せそうにない。もちろん、もし彼らが機械なのだとしたら、彼らは感受性を持っていないわけだし、ということは、それを苦にすることもないに違いないが……。

# ディオゲネスの蛸

シノペのディオゲネス[1]は犬だった。その師アンティステネス[2]自身もまた、「本物の犬」というあだ名をちょうだいしていたが、それは彼が「Cynosarges《キュノサルゲス》」――「聡明な犬」あるいは「俊敏な犬」の意――の学校《ギムナシオン》で弁舌を振るっていたからである。アンティステネスのほかの弟子もみんなそうであるように、ディオゲネスもまた「犬儒派《キュニコス》」と呼ばれた。しかし、ディオゲネスこそ、ほかの誰にもましてもっともキュニコス的、つまり犬的であった。彼は言っている。〈私に施しを与えてくれる人たちには、私はしっぽの愛撫でこたえ、与えてくれない人たちは、吠え声で追い立てる。意地の悪い人間たちには、嚙み付いてやる〉。ディオゲネス・ラエルティオス[3]（これは別人）は、その『著名哲学者たちの生涯と教説』で、ある食事の際に、ディオゲネスが、自分に

**Diogenes**
(ca.412-323 BC)
ディオゲネスは、ギリシアのいわゆる犬儒（キュニコス）派を代表する哲学者である。著作は残っていないが、数多くの逸話が彼の思想を物語っている。家をもたず、樽に住むような質素な生活をしていたが、それは、物質的快楽を求めなかったというよりは、無用な労苦ではなく自然な労苦を選んで幸福に生きるよう

残り物を投げつけてきた会食者たちに、〈むぞうさに〉小便を浴びせたという逸話を紹介している。マケドニアのアレクサンドロス大王[4]は、こうした臆面のない「キュニコス的態度」を嘲って、ある日彼のもとへ、骨を一杯に盛った大皿を送り届けた。ディオゲネスはこれを受け取り、使いをやって大王にこう伝えた。「犬にはふさわしい食べ物でしたが、王にはふさわしくない贈り物でしたな」。

両替商ヒケシアスの息子で、贋金を発行したことでも知られるディオゲネスは、シノペで生まれ、アテネに暮らした。「犬儒派の賢人」の代表格と言え、その叡智は、社会によって生み出されるさまざまな欲求にまどわされることのない完全な自己充足（アウタルケイア）を求めることに費やされた。ソフィストたちと同様、彼もまた自然（ピュシス）と、法またはきまり（ノモス）とを区別し、自然な生のモデルを、動物たちや、乞食や子供たちの行動の中に見出した。彼はいつもマント一着しか身につけず、寝るときもそれをかぶって寝た。ほかには頭陀袋をひとつ持っているだけだった。

その著作は一冊も後世に残っておらず、その「機知に富んだことば」や振る舞いについて飛び交う数々の逸話や証言を元に、彼がどういうことを教えていたかを推測することができるのみである。ある男が自分の家の戸口にこういう札を立てた。「悪しきものはここより入るべからず」。それを見たディオゲネスはこう言った。「では一体、この家のあるじはどこから入るのかね？」。ディオゲネスは香油を体の上半身にでは

にすべきだという彼の思想の帰結であった。アレクサンドロス大王に望みを聞かれ、「大王がそこに立っていると日陰になるからどいてほしい」と答えたらしい。

**1** ディオゲネスという名のギリシアの哲学者は何人かいる（次に出てくるディオゲネス・ラエルティオスもその一人）ので、「シノペの」とか「セレウケイアの」などとつけて区別する習慣がある。

**2** Antisthenēs（ca.455-360 BC） ギリシアの哲学者。ソクラテスの門人。禁欲主義的教えを説く。犬儒派の創始者。

**3** Diogenēs Laertios　三世紀頃のギリシアの哲学史家（生没年未詳）。タレスからエピクロスまでを扱った『著名哲学者たちの生涯と教説』（邦訳『ギリシア哲学者列伝』加来彰俊訳、岩波文庫）は、古代におけるもっとも著名な伝記学説誌のひとつ。

なく、足に塗る習慣があった。なぜなら、彼が言うには、〈頭からは香油が空中に上っていってしまうが、足からなら私たちの鼻に上ってくる〉からであった。

ディオゲネスは、紀元前三二三年頃、八十歳か九十歳で亡くなったと推定されている。一説によれば、自分で呼吸するのをやめ、自発的に窒息死したのだという。またある説によれば、蛸《たこ》との思いがけない出会いが、その命を奪うことになったのだという。ディオゲネスは焼いた肉を食べなかったのだが、そのため、蛸も生で食べようとし、コレラにかかったのだというのだ。しかし、それも定かではない。おそらく彼は、その蛸を犬たちと分け合おうとしたのではないか。そして、それが不幸な展開となったのだ。

**4** Alexandros III（356-323BC）マケドニア大王（在位336-323BC）アレクサンドロス三世。マケドニア、ギリシア、エジプトを含むオリエント世界、インドの一部にわたる大帝国の創建者。アリストテレスに学び、ギリシア的教養と科学的探究心を身につけた。

# エラスムスのスカラベ

スカラベ[1]が鷲にとって最悪の敵だと聞けば、不思議に思う人も多いだろう。何と言ってもスカラベは〈糞から生まれ、糞を養分とし、糞の中でその生と悦楽を見出す〉生き物である。こう言っては何だが、鷲にくらべたらスカラベなどその足下にも及ばないし、鷲のような高貴な鳥が、かくも惨めな、かくも下層の出である敵を打ち破ったところで、何の栄誉にもならないだろうに。ところが、である。この天空の王と、乾いた大地に住むちっぽけな、そればかりか食糞性でもある「微小動物」とのあいだには、ギリシア・ローマ時代からすでに認められてきた、先祖代々続く憎しみ合いが存在するのである。エラスムスは、そのことを『格言集』の中で語っている。

デジデリウス・エラスムス、いわゆるロッテルダムのエラスムスは、もしかしたら

**Desiderius Erasmus**
（1466-1536）
エラスムスは、ルネサンス期を代表する、オランダ生まれの人文学者（ユマニスト）である。『痴愚神礼賛』（一五一一）で王侯貴族や教会、聖職者の行状を風刺したことで有名であるが、その一方、ギリシア語新約聖書を初めて校訂し、ラテン語翻訳を付して出版するなど、生涯キリスト教とカトリック教会に忠誠を尽

ヘール・ヘールツという名を名乗ることもできたかもしれないのだが、彼は、司祭でありながら子供を作ってしまった自分の父に、その罪の重さを背負わせようという悪意を抱かなかったために、そうはしなかったのだった。人文主義《ユマニスム》の君主にして、「ヨーロッパ市民」であるエラスムスは、あらゆる形の暴力や不寛容を毛嫌いしていた。その『格言集』は、『痴愚神礼賛』に劣らないほどの栄光を彼にもたらしたが、その本の中で、エラスムスは、ときにはほんの数行で、金言や古いことわざのような表現、たとえば、「死ぬほど笑う」、「氷を割る」、「急がば回れ」などの表現に注釈をつけ、そこからまさに珠玉と呼ぶべき知恵の真珠を引き出している。中でも鷲とスカラベの諍いについては、彼は実に詳細に語っている。それはつまり、この物語が、あの有名な『カエルとネズミの合戦』、すなわち、ホメロス[2]のものだと思われている『バトラコミュオマケー』[3]などよりも、もっとずっと重要だということだ。

「スカラベが鷲を追い払う」という言葉が使われるのはどんなときか。それは、「もっとも弱く、もっとも力のないものが、自分よりもはるかに強い敵に対して一杯くわせようとたくらみ、計略を練る」ときである。

鷲は、あまりに強い。強すぎてほかに誰の助けも必要としないくらい強い。しかし、というか、だから、この鳥には敵しかいない。野ウサギ、シカ、ヘビ、アオサギ、オウム、みんな卵を狙うものたちばかりである。鷲はまわりのものすべてを見下している。忌々しい民主主義的な傾向を持つツルや、それにあの、戦う勇気を見せようとせ

くした。本文で言及された彼の『格言集』（一五〇〇）はギリシア語・ラテン語の古典から八一八の格言を集めた、人文学者としての面目を躍如とするものである。

**1** 聖なる甲虫、またの名をフンコロガシと称される黄金虫。その生態は『完訳 ファーブル昆虫記』（奥本大三郎訳、集英社）の第1巻上に詳しい。

**2** Homēros　生没年未詳。前八世紀頃のギリシアの詩人。ヨーロッパ最古の詩人で、英雄叙事詩『イリアス』、『オデュッセイア』の作者と言われるが経歴その他は未詳。

**3** Batrachomyomachie: batracho-（ギリシア語 batrakhos）「カエル」、myo-（ギ mus）「ネズミ」、-machy（ギ makhê）「戦い」の意で、文字通り「カエルネズミ合戦」。『イリアス』の戦闘場面のパロディとして作られた三百行ほどの滑稽小叙事詩で、古来ホメロスのも

ず、死んだ動物の肉ばかり食う卑劣なライバルのハゲタカ。鷲は、誰からの指図も受けることはなく、自分の本能の赴くままに行動し、その鉤状のくちばしと万力のような爪の締め付けで、まわりのみんなから恐れられている。鷲はまさに恐れ多き陛下、彼こそが陛下なのだ。たぶん国王陛下ではないかもしれないが、間違いなく独裁君主である。

鷲がその鋭い叫びを上げるとき、〈元老院はすっかり縮こまって小さくなり、貴族階級は頭を垂れ、執政官たちはこびへつらい、神学者たちは押し黙り、法律家たちは諸手をあげて賛同し、あらゆる法が、あらゆる制度が、屈服する……〉。そして彼は容赦なく、血みどろの残虐さを発揮するのである。

ある日、エトナ山の山頂で、一匹の野ウサギが鷲に追われてスカラベのもとに逃げ込んだ。かわいそうな獲物一匹、見逃してやったところで大した損ではなかったろうに、鷲は、スカラベが「どうかお目こぼしを」と懇願したにもかかわらず、下界のくずどもにかける慈悲などあるものかとばかりに、あっさり野ウサギを食ってしまった。だが下々の民には、君主の思いもよらぬ方策があるものだ。復讐に燃えるスカラベは、ゼウスから光り輝く美しい甲羅を授けてもらうのである。そして鷲の方はと言えば、もはやひと時の休息も許されないというわけだ。これぞ公平と言うべきだろう。本当の威厳は、だから、人が普通思っている側には、ない。確かに、スカラベは糞の中で生活していて、あまりいい匂いはしない。しかしそれは人間にとってだけの話で、ほ

のとされるが、実際には作者不詳で、成立は前一世紀よりは古くないという（参考文献：中務哲郎『イソップ寓話の世界』ちくま新書）。

かのどの動物種も、その匂いを不快なものとは感じないのだ。〈スカラベは私たちよりも運に恵まれているが、しかし私たちよりも汚いわけではない〉とエラスムスは言う。それに第一、その甲羅はいつもまぶしく輝いているではないか。それに対して王である鷲の方は、空中で暮らしてはいるが、〈むかつくようなひどい臭いを発散している〉ではないか、と。

# ハイデガーの蜜蜂

人が動物を見るとき、実はたいていの場合、人間を見ようとしていることが多い。人間を真に人間たらしめているものはなんなのかを知ろうとして、自分の中にある動物的部分の範囲を定め、本能に支配される動物が持っていない諸特徴、すなわち理性、意志、あるいは象徴的言語などを数え上げているのである。

だがマルティン・ハイデガーは、『形而上学の根本諸概念』（第二部第三章）において、この問題をそのようには扱っていない。人間における動物的な領域と理性の領域とを分かつ薄弱な境界を描き出そうとか、ましてや、純粋に生物学的な動物の定義を与えようなどとはせず、ハイデガーは、人間／動物の差異を、〈それらが世界とかかわる〉ためのさまざまな仕方を検討しながら、考察するのである。

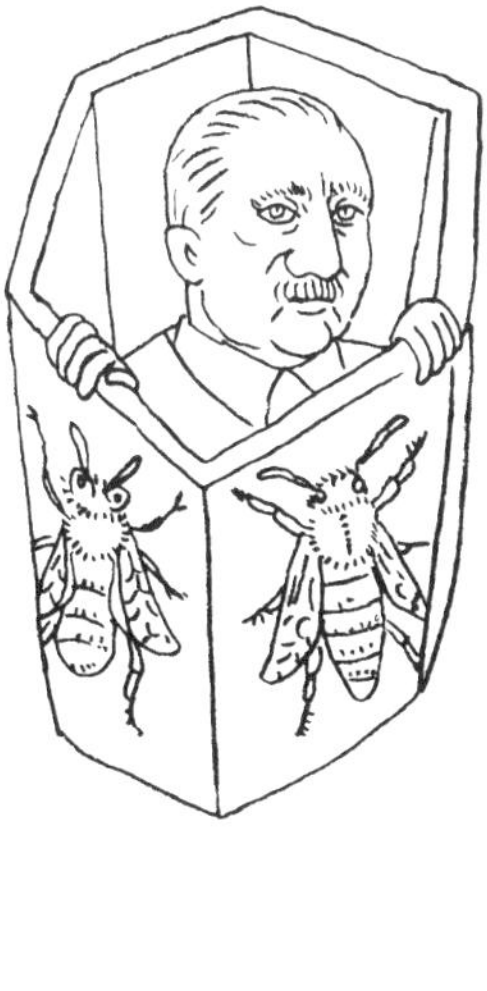

**Martin Heidegger**
(1889-1976)
ハイデガーは、ドイツの哲学者。ハイデガーは、フッサールの現象学を引き継いで、深化させ、西洋の形而上学が必然的に、存在者の存在の仕方を分析するにとどまる存在忘却に陥る運命にあると宣言し、批判した。そこで彼は、大著『存在と時間』（一九二七）で、「存在の意味への問い」を立てることを目指し、その理解

ハイデガーが扱う問題は、その解決のために高度な哲学的専門性を必要とするもの――「世界とはなにか」――だ。しかし、そうした問題にアプローチするために、彼は、ある特別な道を通っていくことを提案する。その道とは、ここではすなわち、「方向性を定めてくれる三つのテーゼ」の「比較考察」であり、そのテーゼは次のように表明される。〈石は無世界的である〉〈動物は世界貧乏《ひんぼう》的である〉〈人間は世界形成的である〉。

〈石が、たとえば道の上にある。私たちは、石は地面の上である圧力を行使している、と言う。そのことにおいて、石は地球に「触れて」いるのである。しかし、ここで私たちが「触れる」と呼んでいるのは、決して、さわるということではない。［……］地球は、石にとって、支えのようなもの、それを、つまり石を、下から持ち上げているようなものとして与えられているのではない［……］。石は、石というその存在において、他のものへのいかなるアクセスも一切有していない。それにまじって石がそこにあることになっているこの他のものをそのものとしてつかみ、所有するという目的において、この他のものへと通じる、いかなるアクセスも有していないのである〉。石は、それゆえ、「無世界的」である。

石の上で太陽にあたって体を温めているトカゲの場合には、そうではない。〈トカゲはまたしても石を探し求めた。トカゲはいつもそれを探し求める習性があるのだ。石から遠ざけられると、どこにでもそのままじっとしているというわけではなく、ト

の鍵を、自己喪失から脱却して死への先駆である「時間」を自覚することであることの中に見出した。

カゲはまた新たに石を探し求めるのである〉。とはいえ、トカゲが、岩と「適切な関係」を結んでいることは確かだとしても、だからと言って、〈岩を岩として経験している〉かどうか、そして太陽がトカゲにとって〈太陽としてアクセス可能である〉かどうかは、疑わしいのである。

まさにこのために、〈トカゲが岩の上に寝そべっていると言うとき、私たちはこの『岩』という語を削除すべきかもしれない。トカゲがその上で寝そべっているところのものは、確かになにがしかのやり方で、トカゲに与えられているものだが、岩として認識されているわけではないということを示すためにである〉。

したがって、動物については、それが無世界的である、と言うわけにはいかない。しかし、それが世界を持っている、とまで言うこともまたできない。なぜなら、たとえ動物が、聴覚や、身振りや、視覚や、電気的等々の刺激に基づいて、ある一連の行動を起こし、そうやって世界の一部と関係を持つことは確かだとしても、またまったく同様に、その世界の一部が、動物を、結局はそのごく小さな世界の割当て分の中に閉じ込めてしまうということも確かだからである。

ハイデガーは、動物のこの「自己自身のうちにとらわれたあり方」を説明するのに、とらわれ、という概念を使っている。〈とらわれは、動物が、その本質によって、行動することができるための条件である。それによって、動物は、ある周りの環境のただなかにとらえられているのであるが、しかしそれは、決して世界の中に、ではないのである〉。そして彼は、あの有名になったミツバチの例を挙げる。ミツバチは、すべての動物と同様〈世界貧乏的《ひんぼう》〉であり、完全にその諸衝動にとらえられていて、それらを断ち切ることも、それらを差異化することもできない。

〈たとえば一本のクローバーの中に、ミツバチはごくわずかなひとしずくの蜜を見つける〉。ミツバチは〈吸い込み、そして吸い込むのをやめる。そして飛び去っていく〉。ミツバチはもう蜜がなくなったことを確認したのだろうか。もう十分に飲んだと思ったのだろうか。まだ残っていて、また蜜を集めに戻ってくることができると思ったのだろうか。

〈一度には吸い込むことのできないぐらいたっぷりと蜜を入れたボウルの前に、一匹のミツバチを置いてみた。ミツバチは吸い始め、やがてしばらく経つと、その衝動的な行為を中断し、飛び去ってしまう。そしてまだ残っている蜜をそこに置き去りにしてしまうのである〉。あるいは、〈ミツバチはそこにまだ蜜があること、むしろありすぎることを確認しているのだ〉と言う人もいるかもしれない。しかし、〈こういうことも観察されているのである。すなわち、ミツバチが蜜を吸っているあいだに、その腹部を注意深く切断する。するとミツバチは、自分の体の後ろからどんどんと蜜が流れ出て行っているのに、そのまま平然と飲み続けるのである〉。これが示しているのは、とハイデガーは続ける。〈ミツバチは蜜が大量にあることをまるっきり認識していないということである。ミツバチは、蜜が大量にあることを認識していないどころか、もっと理解しがたいことに、自分の腹部がなくなったことさえ認識していないのである〉。

ハイデガーは、その独自の言葉遣いで、続いてこう説明しようとする。〈動物は、存在者の開顕性から閉め出されている〉のだと。そして、人間の場合はどうであるかを語るのだが、――まあそれはおいておくとしよう。自身の衝動的な活動の〈支配下に〉とどまっている哀れなミツバチのために思考をめぐらせることにしようではないか。しかも、この生き物は、蜜がそれ自体で発散する匂いに導かれるままに、もう自分の棲家に帰らないことさえあるというのだから。

〈ミツバチたちがよく巣箱の入り口の前で、行ったり来たりして飛んでいるのが観察されることがある。腹部を上の方に向け、そうやってその入り口を自分たちの匂いで包もうとしているのだ。それにもかかわらず、ミツバチたちは迷うのである。そのことは、科学的実験によって確かめられているだけでなく、巣箱の前の板の上で、巣の門番役のハチたちによって侵入者として殲滅されてしまったミツバチたちが、じっと動かなくなって死んでいるのが頻繁に見られるという事実によっても示されているのである〉。

# ヒルデガルトの鯨

魚は海とか川とか、あるいは池とか、とにかくどこかの水の中に棲んでいるために、母を表すものとみなされている。あるいは少なくとも、いくつかの古代宗教の場合がそうであるように、愛と多産性の女神とみなされている。キリスト教時代になると、魚は神の息子を象徴するものとなる。「イエス・キリスト《イエソス・クリストス》、神の子《テウー・ヒュイオス》、救世主《ソーテル》」[1]を意味するギリシア語句の頭文字を並べると、魚を意味するギリシア語「ichthus《イクチュス》」になるからだ。

しかし、大きな魚、たとえば鯨《くじら》のような、時には深海の奥深くに潜む巨大な生き物は、何を表しているのだろうか。十一世紀頃——中世の動物寓話集ができた頃——にヨーロッパ各国語に訳されたギリシア・ローマ時代のたいへん古い動物誌『フィシオ

**Hildegard von Bingen**
（1098-1179）
ヒルデガルトは、中世ドイツのビンゲンの地で女子修道院長であった神秘家。『スキヴィアス（道を知れ）』（一一五三）など。四十歳ごろから多くの幻視（visio）を経験し、女預言者とみなされた。神学・宗教詩・薬草学・医術・宗教曲の作曲など、活動は多岐にわたる。人間を原罪によって病み苦しむもの考え、その癒

ログス』[2]によれば、クジラは、ちょうど悪魔が、信仰心のないものたちに対してそうするように、策略を用い、呼気と香りによって、びっくりした魚たちをその口の中に吸い寄せ、また、迷子になった船を海の底に引きずり込む、飢えたモンスターのごときものとされている。

しかし、大きな問題だったのは、それは食べられるのか、四旬節の断食のときにその肉を食すことができるのかということだった[3]。

九世紀末のトリブールの公会議で、神学者たちは「いいや、さにあらず！」と言った。クジラの血のしたたる果肉は、彼らの目にはごく端的に、肉そのものに見えたのだ。その少しあとの時代になると、アルベルトゥス・マグヌス[4]が、クジラには、〈トラウツボのような飲み込むための口を持つ（これはとても良質の肉をもつ）〉クジラと、〈嚙み砕くための大きな歯を持つ（そして劣らず良質な肉を持つ）〉クジラの二種類がいるという説を唱え、それにしたがって、教会もこの巨大魚の肉の摂取に対してもっと寛容な態度を見せるようになる。そもそもクジラについては、水の外で姦淫する動物たちの肉に比べて、それほど性欲を刺激しないと考えられる余地があったのだった。

その二つの時代にはさまれた十一世紀、クジラは、しかし、崇高なヒルデガルトの手によって、まさに熱狂的賛辞の対象とされることになる。

女性版マイスター・エックハルト[5]の先駆けとも言うべきビンゲンのヒルデガルトは、一〇九八年にベルマースハイムで生まれた。聖女であり、ベネディクト会修道女



しを、神の造ったこの世界の完成という、人間が創造された目的の実現に求めた。

1 Iesos Khristos Theou Uios Soter

2 二世紀頃エジプトのアレキサンドリアで成立したとされる著者不明のギリシア語の文献。オットー・ゼールによるドイツ語訳からの邦訳『フィシオログス』（梶田昭訳、博品社、一九九四）がある。

3 肉なら食べられないが、魚なら肉食に当たらないので食べられる、ということ。種村季弘『ビンゲンのヒルデガルトの世界』（青土社、二〇〇二）によると、「中世の僧院には養魚池施設のあるところがすくなくなかった。〔中略〕僧院における魚の養殖は、当時の教会における断食の習慣と密接な関係がある。〔中略〕断食はしかし絶食ではないので、獣肉以外の肉、すなわち魚肉摂取には比較的寛容だった」。

であり、預言者であり、治療師であり、本草家であり、音楽家であり、詩人であり、神秘主義哲学者であるヒルデガルトは、その著『自然のさまざまの被造物の隠された諸性質の書』の中で、クジラに対して、実際、ありとあらゆる美徳を付与している。〈クジラたちの肉には実に多くの活力がある〉と彼女は言う。そのため、〈その肉を食べる者たちは、どんな気分の悪さにも虚弱質にも耐えることができる。なぜなら、神は、あらゆる種類の動物を創造しながら、そのうちのいくつかの中では神御自身の力が現れ出るようにされたからである〉。狂人たちはその肉を食べるべきである。そうすれば、〈彼らは正気を取り戻すであろう〉。もし自分の家が呪いにとりつかれ、悪い精霊たちが〈しょっちゅうその騒々しいダンスの準備をしている〉なら、〈この魚の肝を燃え盛る炭の上であぶる〉べきである。〈悪霊たちは、その匂いのせいで、行ってしまい、そこにいることはできなくなるだろう〉。もし心臓に何か問題を抱えているなら、〈この魚の心臓を粉にして、水に溶かして飲む〉べきである。

その脳みそは熱、潰瘍、通風に素晴らしくよく効くが、通風に対しては、クジラのまぶたとワインをベースにした煎じ薬でも効果がある。膀胱を水に浸し、それから肌に当てておくと、吹き出物や瘰癧《るいれき》を消してくれる。豚はどこも捨てるところがないというが、クジラもまた薬効に満ちている。その骨からはナイフが作れるし、皮からは靴や、おまけにあのたいへん貴重な〈素肌の上から巻いておけば、あらゆる種類の病気から守ってくれ、身体を丈夫にしてくれる〉というベルトが作れるのだという。

**4** 本書一八頁脚注参照。

**5** Meister Eckhart（ca.1260-1328）ドイツの神学者、ドミニコ会士で、ドイツ神秘主義の創始者。

# ドルバックの狼

人呼んで「哲学界の給仕頭」。といっても卑屈な奴隷根性の持ち主だったのか、などと思ってはいけない。多くの客を迎え入れ、もてなす主人としての徳を褒め称えての呼び名である。田舎のグランヴァルにあるその邸宅には、ビュフォン[1]やダランベール[2]、テュルゴー[3]やエルヴェシウス[4]らが晩餐にやってきた。パリのサロンで毎週日曜と木曜に開いていた哲学談義の宴には、彼の親友であるディドロ[5]からデヴィッド・ヒューム[6]、アダム・スミス[7]にいたるまで、その時代の優れた知性たちが軒並み顔をそろえていた。ドイツに生まれ（エーデスハイム、一七二三年）、一七四九年にフランスに帰化したポール・アンリ・ティリー、すなわちドルバック男爵は、莫大な遺産を受け継ぐ貴族であり、啓蒙主義時代の主要人物のひとりであり、また、『百科全書』

**Paul-Henri Thiry (baron d'Holbach**

(1723-89)

ドルバックは、ドイツ生まれだが、フランスの爵位を相続してパリで活躍した啓蒙思想家。『自然の体系』（一七七〇）を著したこと以上に、自邸にサロンを催して知識人を集めたことによって、唯物論、無神論の普及に中心的な役割を果たした。『百科全書』（一七五一—七二）への寄稿も積極

のもっとも力強い協力者でもあった。彼は数百に及ぶ項目を執筆しているが、その範囲は、化学から幾何学、金属工業に医学に鉱物学、さらに政治や宗教にまで及んでいた。ただしその項目の多くは無署名である。あまりにも大胆、かつあまりにもあからさまに決定論的で、唯物論的で、無神論的で、反教権主義的な記事だったからだ。その主著『自然の体系』（一七七〇）は、「破廉恥」と宣告され、弾劾されるだろう。だが同時に、無視しえない反響を持つことになる。

ドルバック男爵の目によれば、自然は、運動する物質から成っており、定められた諸法則によって統御された、ある偉大な〈全体〉であった。人間自身は、純粋に身体的・物理的な存在であり、他のすべてのものと同じように、自然の必然的な意思に従属している。自然の中にも人間の中にも、神のための場所はない。時計職人の神[8]――もその存在は自然の秩序と調和そのものによって証明されるかもしれないのだが――もなければ、人間に化身した神[9]もない。もし神がいたるところにいるのなら、とこの百科全書派は言う。それは私の中にもいなければならず、私と一緒に間違え、私と同じように神を侮辱し、私と一緒に神の存在を否定することになる、と。これほど一徹に唯物論と「無神論的社会」を擁護する者は、彼の同時代にも少なく、またこれほど猛烈なエネルギーを使って、教会と宗教を、あらゆる宗教を、攻撃する者もほとんどいなかった。

その著『良識』（一七七二）の中で、ドルバックは、バグダッドで〈静かな日々を過



的で、鉱物学、地質学、冶金学などに関連して約四〇〇項目を執筆した。

**1** Georges-Louis Leclerc (comte de) Buffon（1707-88）フランス啓蒙期の博物学者・哲学者。進化論の先駆者と言われる。『博物誌』（四十四巻、一七四九―一八〇四）。一八五三年アカデミー・フランセーズ入会時の演説『文体論』の中に「文体はその人そのものである」という表現があり、よく知られる「文は人なり」という言葉は、これにもとづいている。

**2** Jean Le Rond d'Alembert（1717-83）フランスの物理学者・数学者・哲学者。弁護士となったのち数学・物理の研究に移った。剛体の運動の研究を行い、解析力学の基礎を作った。『百科全書』の編纂に参加。

**3** Anne Robert Jacques Turgot（1727-81）フランスの政治

ごしている〉、〈その聖性によって名高い〉ひとりのイスラム教修道僧の物語を語っている。周りに住んでいる人たちは、〈毎日その修道僧のもとへ食料や贈り物を持って押し寄せた〉。するとその聖人は、当然のことながら、〈このような恩恵はまさに神慮によるものと、神に感謝を捧げる〉ことをやめないのであった。〈おお、アッラー！　あなたのご親切は、人間の子らにとっていかばかり大きいことでしょう！〉。もっと神に感謝し、〈その寛大さを称える〉ために、修道僧は〈七回目となるメッカへの巡礼〉を挙行しようと決意する。その旅は危険なものだった。なぜなら、ペルシアとトルコの戦争が激しさを増していたからだ。〈敬われる修道服という不可侵の庇護〉のもと、修道僧は、なんとか障害もなく戦場を通り過ぎる。

彼はあるオアシスにたどり着く。〈ただ手を伸ばすだけで、ナツメヤシの実やその他のおいしそうな果実を摘み取ることができ、小川が喉を潤してくれる。やがてしばらくすると、緑の芝生が甘美な休息へと彼を誘う〉。このような幸運が誰のおかげによるものか、彼は知っている。〈おお、アッラー！　あなたのご親切は、人間の子らにとっていかばかり大きいことでしょう！〉。聖人はさらに道を進む。なんとすばらしい〈花咲く丘の数々、色とりどりの美しい草原、果実のたわわに実った木々〉であることだろう。彼はまたしても〈人間という種族の幸せをいたるところで気にかけてくださっている神の豊かで自由な手〉に祝福の接吻をする。

それからしばらくして、彼は険しい山々を越えなければならなくなる。頂上に着い

家・経済学者。ルイ十六世の財務総監として、穀物取引の自由化やギルド廃止などの改革を行ったが、貴族階級からの反感を買って失脚した。その著『富に関する省察』（一七六六）はアダム・スミスの『国富論』に大きな影響を与えた。

**4** Claude-Adrien Helvetius（1715-71）フランスの哲学者で、百科全書派の啓蒙思想家。フランス十八世紀の唯物思想の代表者で、唯物論的・無神論的傾向をもつ著書『精神論』（一七五八）は禁書とされた。

**5** Denis Diderot（1713-84）フランスの哲学者・文学者。ダランベールとともに編纂した『百科全書』は十八世紀啓蒙思想の最大の成果。小説、戯曲、芸術論にもすぐれた業績を残した。『ラモーの甥』（一七六二年頃執筆）『運命論者ジャックとその主人』（一七九六、邦訳白水社）など。

たとき、突然、ある思いがけない、おぞましい光景が、眼前に現れる。〈彼の魂はその光景にすっかり動転〉してしまう。

平原が、〈火と炎によって〉焼き尽くされていたのだ。地面には「十万以上の遺体」が、ばらばらになった体の残りや、骸骨などが、転がっている。まわりには、鷲やハゲタカ、カラスや狼《おおかみ》たちが群がっている。〈その眺めは、われわれ巡礼者を暗い夢想の中に沈める〉。

修道僧は、幸いなことに、〈ある特別な恩恵によって〉けものたちの言葉を理解する能力を持っていた。そして〈人間の肉を口に詰め込んだ〉オオカミの言葉を聞くのである。オオカミは、〈あまりの喜びに〉神に感謝を捧げていたのだった。〈おお、アッラー！　あなたのご親切は、オオカミの子らにとっていかばかり大きいことでしょう！　何もかもお見通しのあなたの叡智が、私たちにとってかくも危険な、憎むべきこれらの人間たちを懲らしめてくださったのですね。あなたがおつくりになった者たちのことをいつも見ていてくださるあなたのご神慮のおかげで、私たち種族を破壊するこれらの者たちが互いに喉を切り裂き合い、そして私たちにすばらしいごちそうを与えてくれるというわけですね。おお、アッラー！　あなたのご親切は、オオカミの子らにとっていかばかり大きいことでしょう！〉。



**6** David Hume（1711-76）イギリス（スコットランド）の哲学者・歴史家。イギリス経験論の代表的存在。科学・道徳・宗教の理性的根拠を徹底的に否定する懐疑的な議論を展開しつつ、それらを人間の想像力や情念へと基づけようとした反理性主義者。『人間本性論』（一七三九―四〇）など。

**7** Adam Smith（1723-90）イギリス（スコットランド）の経済学者・哲学者。古典派経済学の祖。前出のヒューム、テュルゴー、ダランベールらと親交を結んだ。アダム・スミスの名を不朽のものにした経済学の古典『国富論』（一七七六）が出版されたのは、奇しくも友人テュルゴーの失脚の年だった。

# カントの象

ゲーテ[1]は言ったものだった。『純粋理性批判』は春に読むべきであると。なぜなら、そうすれば少なくとも周りの花々が気分を慰めてくれるからだ。確かに、もしわれわれがこの名著を読み、さらに『実践理性批判』を、ついで『判断力批判』——これらによって彼は思想の潮流を根本的に変え、哲学の殿堂《パンテオン》の中にその地位を占めることになるのであるが——を読むだけで「満足」するならば、われわれはイマヌエル・カントについて、確かにこの上なく実像に近くはあるが、同時にこの上なく厳めしいイメージを持つことになるだろう。

啓蒙主義的精神の時代のただ中に生き、人間に「未成年状態」から抜け出すよう説き、その悟性を働かせる勇気を持つよう勧めたカント、人間を、決して手段としてで

**Immanuel Kant**
(1724-1804)
カントは、ドイツの哲学者。オリジナルの哲学が展開されたのは五十七歳以降のこと。その皮切りが『純粋理性批判』(一七八一)であり、世界に関する知識の拡張にではなく、世界に関する人間の知識の限界づけに目標が置かれる。認識をその対象に従わせるのではなく、逆に対象を認識に従わせるという「コペル

はなく、それじたい目的として定義することで、人間に尊厳を与えたカントは、彼自身また、常に自分を〈律し〉、ガチガチの、とまでは言わないにしても、あまりに厳格すぎる人間であった。彼は生涯ひとりで暮らし、ケーニヒスベルクを離れなかった。そんな彼を人は、思弁によってのみ動く、身体のない一個の頭――〈私は何を知りうるか、私は何をなすべきか、私は何を希望してよいか、人間とは何か〉――、人生そのものを糊で固めてしまった一個の知的機械とみなした。毎日同じ時間に散歩し、すべてのものを決まった場所に置き（そのテーブルには、彼がいつも紅茶のカップを置いていた正確にその場所に、染みが残っている）、そして沈黙、ひたすら沈黙だけを求めた（彼は、自分の目を覚まさせる雄鶏を隣人から買い取ろうとしたし、また別の隣人には、風にそよいでざわめきを立てるポプラの木を切ってくれと要求した）。

「カント翁」は、確かにこのような人物であった。しかし彼の著作が、ひたすら理性を礼賛し、感性や「物質」を蔑むだけのものであると考えるのは、正しくない。これは忘れられがちなことだが、そこでは、ただ超越論的分析法だけが問題になっているわけではない。たとえばそこには、精神の病についての考察があるし、地震や、モルジブ島や、カナリアや、酔いのいろいろな形態や、船酔いの原因などについての考察がある。また同様に、その「道徳的厳格主義」が、彼の生活のすみずみにまで影響を及ぼしていたと考えるのも正しくない。カントは、優秀で才気煥発な若き教授でもあったのであり、芝居にもよく出かけ、ケーニヒスベルクのカフェやサロンに足繁く

ニクス的転回」の観点に立ち、ニュートン力学の基本原理を演繹し自然科学の知識を擁護する一方、形而上学の知識についてはその可能性を否定した。他に『実践理性批判』（一七八八）、『判断力批判』（一七九〇）、など。

**1** Johann Wolfgang von Goethe (1749-1832) ドイツを代表する詩人・小説家・劇作家。『若きウェルテルの悩み』（一七七四）、『ファウスト』（一八〇八―三二）など。

通い、カードゲームやビリヤードに興じ、ダンスを愛し、最新流行の装いをし、何時間もテーブルで議論にふける、社交の人だったのである。彼は肉が大好きだった。それが、彼の言葉――〈動物に対して残酷な者は、人間に対しても手厳しくなる〉――を引用する動物愛好家たちには残念な点で、彼らはカントが菜食主義者だったらよかったのに、と思っているだろう。

カントは、自然にかかわるものを嫌悪していたのだろうか。とんでもない。彼の『自然地理学』を読んでみるといい！　あらゆることがそこに記述されている。気象現象、風、動物界、植物相、「芳香性の蔓植物」、金属、「準宝石」、あらゆる大陸と国々、コーチシナからナタルまで、さらにタタールやフェロー諸島まで。

確かに、ケーニヒスベルクには犀もいなければ、「人間たちにパンを与える木々」もなく、アリゲーターも「空飛ぶ魚」もいない。だがカントは、「百科全書向きの森羅万象に対する好奇心」を持っていた。

ここに、彼が象について書いた文章がある。〈黒い象と白い象はまれである［……］。象は短いしっぽを持ち、そのしっぽには長くて硬い毛が生えているが、この剛毛を、人間はパイプ掃除などに使う。体高は一五ピエ[2]以上で［……］、目は小さい。その鼻はまさに万能の道具である。手の代わりとなって、まぐさをつかんだり、口に運んだりする。水を吸い上げ、そのまま口の中に流し込む。匂いをかぐこともでき、水を飲むときには、必ずかき混ぜてから飲む。その鼻を使って、人をひとり持ち上げて自分

2 昔の計量単位で、一ピエは約三二・四センチ。

の背中に乗せることもできるし、戦うこともできる。インド人たちは、その鼻に剣の刃をつけて武装させる。その鼻はまた、象が水中を泳いで、口が水面より下にあるときに、シュノーケルの役目を果たす〔……〕。その上あごからは、一番太い二本の歯が飛び出しており、その歯はそれぞれ、長さが十アンパン[3]、太さが四アンパンに達し、さらにそのいくつかは、重さが三キンタル[4]に及ぶものもある。この歯を使って、象は戦ったり、木を根っこから引きはがしたりするのだが、そのために、よく歯が折れたり、老いる前になくしてしまったりする。そういうわけで、インドの森ではあんなにたくさんの歯が見つかるのである。オスの陰茎は人間ひとりよりも大きい。もっとも太いものでは、直径二ピエ半もある。足指は、四つに分かれた馬の蹄のようなものと考えればよい。耳は、二枚の大きな子牛の皮のようである。象は寒さには耐えられない〔……〕。象がタバコ畑に入り込んだりすると、酔っ払って、狂ったようにあちこちを叩き始める。もし象たちが夜中に黒人たちの村にやってきたりすると、その村の住居をクルミの殻のように踏み潰す。興奮していないときは、象はいかなる害ももたらすことはない〉。

イマヌエル・カントは、もう一度言うが、『純粋理性批判』や『実践理性批判』や、何とか批判やら、も書いた人なのだ……。

3 昔の長さの単位で、親指と小指を張った長さ。
4 一〇〇キログラムに相当する重量単位。

# キルケゴールの二枚貝

親友のエミール・ボーセン牧師に宛てた手紙の中で、セーレン・キルケゴールは書いている。〈私を深く理解することは、難事であり、またそうであり続けるでしょう。なぜなら私は（たぶん私にとって不幸なことに！）、自分の感情を隠したいと思うと、決まってそこに何らかの力が働いて、自分の心の機微を読むのが難しくなってしまうということが起きるからなのです〉。

なるほど確かに、このデンマークの哲学者のことをうまく説明したり納得したりすることは、どうもできそうにない。それは彼の思想についても同じだ。もっとも彼自身、その思想――だましや見せかけや筆名を駆使した、文学的なジャンルやスタイルの様々な変奏――が、きっちりと画定されるようなある「対象」になりうることなど

**Søren Aabye Kierkegaard**
(1813-55)
キルケゴールはデンマークの哲学者。実存主義の先駆者の一人。「実存」とは現実存在の略で、本質に先立って規定されない、偶然的な人間存在のあり方のこと。キルケゴールは美的実存、倫理的実存、宗教的実存（AとBの二種類ある）の三段階の実存を認め、その最終段階で、客観的、普遍な理性の立場ではなく、主体的な単独者として神に直面

望んではいなかったし、ましてや哲学的解剖に付せられる「死体」となることなどさらさら望んではいなかったのだが。

ヘーゲル[1]が相反するものを和解させる（あれと、これと）、合理的で連続したプロセスを編み出したのに対して、キルケゴールは現実を一種の和解不可能な可能性の複合体とみなす（あれか、これか）。それは、ためらいや否定や破壊を含み、その限りにおいて、人間の選択は、そこでは常に、ドラマや裂傷や、質的「飛躍」の結果なのであり、合理的計算の結果などではない。

可能なものについての純粋な感情、起こりうることについての、現実よりもなお恐ろしいことが明らかになるかもしれないものについての純粋な感情として、「不安」は、人間と世界との関係そのものであり、同様に、「絶望」は、人間と彼自身との関係そのものである。人間は自分自身になろうとするのだが、神ではないため、それを果たすことができず、結局、自分自身を否定することになり、自らの破壊を目指すのである。

自由の不安を強調したことや、実存が本質よりも優位にあり、存在が意識よりも、主体が対象よりも優位にあるという主張によって、このデンマーク人は、実存主義の「父」とされ、その流れの中に、ハイデガー[2]、フッサール[3]、サルトル[4]、ヤスパース[5]、ベルジャーエフ[6]、シェストフ[7]、ガブリエル・マルセル[8]等々の名が連なることになる。

しかしキルケゴールは、彼描くところの「実存の領域」を心やすやすと通り抜けた

しようとした。こうして人間に最も本来的な実存は、信仰を選択する宗教性Bに見出される。『反復』（一八四三）、『死に至る病』（一八四九）など。

**1** Georg Wilhelm Friedrich Hegel（1770-1831）ドイツの哲学者。ドイツ観念論の大成者。自己が異質な他者の中でいったん自己を見失い、その他者と和解しあうことによってより大きな自己へと生成し、究極的に絶対知に至るという弁証法的展開を説いた。『精神現象学』（一八〇七）など。

**2** 本書七一頁脚注参照。

**3** Edmund Gustav Albrecht Husserl（1859-1938）ドイツの哲学者。現象学の創始者。数学の研究者から哲学に転向。心理主義から出発しつつも、自らの心理主義を批判する論理学的研究を展開。世界が存在しているとする日常的信念を括弧に入れる「現象学的還元」を遂行し、哲学による諸

わけではない。まさに『おそれとおののき』を持ちながら、『人生行路の諸段階』[9]を、すなわち美的段階、道徳的段階、宗教的段階を、通り抜けたのである。神から与えられた罰にも見える彼の人生に刺さった数々のとげが、そうした困難と無縁でないことは言うまでもない。

一八一九年から一八三八年のあいだに、セーレンは母の死と、二人の兄弟の死と、三人の姉妹の死と、父の死を見ることになる。父との関係もまた、彼に重たくのしかかっていた。父は彼をとてつもない宗教的厳格さの中で育てた人であったが、一方で、家族に伝わるある原罪によって、自分自身のモラルに反する裏切り者であったことも明らかになる[10]。この父から、キルケゴールは罪の意識と十字架を背負わされる。だがもっとも苦しい重荷は、多くの点でまったく理解不能な、永遠のフィアンセ、レギーネ・オルセンとの、引き裂き、引き裂かれる関係であろう。

レギーネがセーレンを愛するようになったのは、彼女が十五歳のときのことであった。セーレンは生涯ただ彼女ひとりだけを愛し続ける。だが彼女とは別れるのである。理由もなく。いやむしろあらゆる理由を、矛盾に満ち、誠実で、うそつきで、戦略的で、悲愴な、あらゆる理由を挙げながら。彼は全著作の中でひたすら彼女のことを語っている。『罪ありや？　罪なしや？』のほとんどのパラグラフは、こんなふうに始まる。〈そういうわけで、私が初めて彼女に会ってから、今日で一年になるのだが……〉。

この著作の副題は「ある苦しみの物語」という。「六月三十日、深夜」と日付が打

学問の基礎付けに邁進。『論理学研究』（一九〇〇―〇一）、『ヨーロッパ諸学の危機と超越論的現象学』（一九三七）。

**4** Jean-Paul Charles Aymard Sartre（1905-80）フランスの哲学者・文学者。政治活動に積極的に身を投じた「行動する知識人」。哲学書『存在と無』（一九四三）、小説『嘔吐』（一九三八）など。

**5** Karl Theodor Jaspers（1883-1969）ドイツの哲学者。実存哲学の創唱者。心理学・精神病理学の研究から哲学に転向。キルケゴールとニーチェの影響を受けた。

**6** Nikolai Aleksandrovich Berdyaev（1874-1948）ロシアの哲学者。ロシア革命後パリに亡命。ドストエフスキーなどの影響下、東方神秘主義に根ざした宗教哲学を展開。

**7** Lev Shestov（1866-1938）ロシアの哲学者・批評家。ロシア革命後パリに亡命、ソルボンヌ大学ロシア研究所教授。

たれた紙片には、こう書かれている。〈ぼくの人生とは一体なんなのだろう。疲労と苦痛でないとしたら？〉。そこで語られているのは、〈海辺に転がり〉、食べ物を求めて殻を開くある二枚貝《ヨーロッパザルガイ》の話だ。〈一人の子供が、棒切れを殻のあいだに滑り込ませる。それで貝は殻を閉じることができなくなる。子供は遊びに飽きて、棒を引き抜く。しかし小さな破片が中に残ってしまう。貝はそのまま殻を閉めて閉じこもる。しかしその奥では、貝はまだ苦しんでいて、その破片を引き抜くこともできないのだ。何人であろうとも、とげがどんなものであるかを知ることはできない。なぜなら、貝はもうぴったりと閉じてしまっているからだ。そして貝だけが、そのとげの存在を知っているのである〉。



ニーチェとドストエフスキーの影響下、神秘主義的実存主義の立場から不安の哲学を説く。

**8** Gabriel Marcel（1889-1973）フランスの哲学者・劇作家。キリスト教的実存主義の代表者。

**9**『おそれとおののき』（一八四三）と『人生行路の諸段階』（一八四五）、ともにキルケゴールの著書のタイトル。

**10** セーレンの父ミカエルは、先妻の死後一年も経たぬまに先妻の女中・アーネと再婚。当時すでにアーネは第一子を懐妊。厳格な宗教的倫理観のミカエルはそのことに強い罪の意識を抱き続けたという。その後、第七子のセーレンまで夫婦は多くの子供を授かるが次々と早死にしていったので、ミカエルは、自分は神に呪われた罪人であるという意識をますます強めていったらしい。「家族に伝わるある原罪」とはそのことを指しているのだろう。

# レヴィナスの犬

人間にとって、犬ほどよい友達はいない。ある人間が別の人間に忠実である場合、それが完全で無条件なものであれば、まさに「犬のように忠実」と呼ばれるくらいだ。それに犬の眼差しの中には、実に人間らしいあらゆる悲しみと善良さを読み取ることができるではないか。

とはいえ、犬《いぬ》――および雌犬《めすいぬ》――は、常に最悪のものの象徴でもある。犬のような生活[1]と言えば、生活とも言えないような生活であり、犬も食わないと言えば、それほど無価値なものだという意味だ。「犬がひき殺されたという類のベタ記事をやる」[2]のは新聞記者にとって名誉なことではないし、犬みたいな性格だと言われたら、付き合いにくいやつだということである。「犬のようにはいつくばる」[3]と言えば、卑劣な

**Emmanuel Lévinas**
(1906-95)
レヴィナスはリトアニア生まれのユダヤ人で、現象学から出発し、独自な倫理学を構築したフランスの哲学者。レヴィナスは、従来の現象学の指向性などに見られる他をたえず同化・全体化する観念論的な自我を告発し、それに代えてそこに吸収されない絶対的な他者性を「顔」と呼び、この弱く無防備な「顔」に対す

こびへつらう人間のことであり、さらに天気でさえ、最悪の天候のことは、「犬の天気」[4]と呼ばれるありさまだ。また、拷問を行う刑の執行人は、人間を四つんばいにさせ、首に縄をかけて引っ張ったりする。要するに、人が犬のように――あるいは雌犬のように――扱われるとき、その人間はもはや「顔」を持たないのであり、人間ではなくなるのである。

ロシア文学に親しみ、タルムード[5]の読解と、フライブルク大学で師と仰いだフッサール[6]とハイデガー[7]の思想に影響を受けたエマニュエル・レヴィナスは、どの著作の中でも一貫して、存在、神、他者、死、自由について問い続け、「顔」を、殺すことを禁じるものとして定義した。そして、ある倫理を、彼自身の用語によれば「愛の知恵のような」ものである倫理を、打ち立てた。それは、人間を、その意思にかかわらず、その人間性そのものによって、他者への責任――それがどんな他者であれ――へと捧げようとする倫理なのである。

レヴィナスは言う。「私自身の飢えによって他者の空腹を満たせ」と。あるいは、こんなふうに言う。

〈無限の言語においては、『私（je）』は、『私がここにいる（Me voici）』と翻訳される。この私は、他者に対して責任を負い、彼が犯した過ちや彼が受ける侮辱に対して責任を負い、彼が与え彼が被る苦しみを、有無を言わさず、私の苦しみと取り替えるために選ばれたものであり、彼のために死ぬほどまでの責任を負うのである〉。

る無限責任を自らの倫理学の基盤とした。『全体性と無限』（一九六一）、『存在するとは別の仕方で』（一九七四）など。

**1**«vie de chien»、文字通りには「犬の生活」。フランス語の成句で、悲惨な生活のこと（chienne de vie とも）。

**2**«chiens écrasés»、直訳すれば「ひき殺された犬」。フランス語の成句で、そういう類のつまらない三面記事を指す。

**3**«chien couchant»、直訳すれば「寝そべる犬」。フランス語の成句で、卑劣なお世辞屋を指す。

**4**«temps de chien»、文字通り「犬の天気」で、最悪の天候のことをいうフランス語の成句（chien de temps とも）。

**5**ユダヤ教の律法とその解説を集大成したもの。

**6**本書八八頁脚注参照。

**7**本書七一頁脚注参照。

一九〇五年一月十二日、リトアニアはカウナス（ロシア語名コヴノ）で生まれたレヴィナスは、一九一四年から一九二〇年までウクライナのハリコフで暮らしたあと、フランスのストラスブールにやってきて哲学を学び、そこでモーリス・ブランショ[8]に出会う。フランスに帰化し、一九三九年に戦争に動員され、レンヌで捕虜となった。彼の家族はほぼ全員、リトアニアでナチスに虐殺された。

エマニュエル・レヴィナスは、ベルゲン＝ベルゼン[9]の近くに位置するファリンボステルの捕虜収容所11Bに収容されたが、『困難な自由』の中で、こう語っている。〈私たち七十人は、ユダヤ人戦争捕虜として、ナチス・ドイツの森林捕虜作業班の中にいた。その捕虜収容所は――奇妙な偶然の一致だが――、一四九二番という数字がついていた。キリスト教国王フェルディナン五世時代にスペインからユダヤ人が追放された年号である。私たちはフランス兵の軍服を着ていたので、まだヒトラーの激しい暴力からは守られていた。だがほかの男たち、いわゆる自由な、私たちとすれ違ったり、私たちに仕事を与えたり、命令を下したり、あるいは微笑みさえ向けてくるよう男たち――そして時々通り過ぎる、私たちに視線を投げる子供たちや女たち――は、私たちから人間らしい装いを剝ぎ取っていった。私たちはほとんど人間以下、猿の一団に過ぎなかった〉（「犬の名、あるいは自然権」）。

ある日、一匹の犬がふらふらと迷い込んできた。その野良犬は〈厳しい監視の下、仕事から戻ろうとしているこの薄汚れた一団に紛れ込んできた〉。犬は収容所の中を

8 Maurice Blanchot（1907-2003）フランスの批評家・小説家。その著作は、一言で言って、「経験しえないもの」を語ろうとする逆説に貫かれている。小説『謎の男トマ』（一九四一）、評論『来たるべき書物』（一九五九）など。フーコーやドゥルーズなど、現代思想にも影響を与えた。

9 ベルゲンとベルゼンはともにドイツ北部にある村で、ナチ強制収容所（一九四三―四五）があった。同地区および収容所をBergen-Belsenと言う。

うろつき、〈朝礼のときには現れ、私たちが帰ってくるのを待ち受け、飛び跳ねて、陽気にほえた〉。みんなは彼のことをボビーと読んだ。

〈彼にとって——そのことは疑いの余地がない——私たちは確かに人間だったのだ〉。

# ルクレティウスの子牛

ルクレティウスは、紀元前九八年か九五年に生まれ、紀元前五五年に死んだと見られている。それ以外、この人物については何一つ知られていない。唯一残っている「証言」は、聖ヒエロニムス[1]によるものだが、その伝えるところによれば、彼は惚れ薬を飲んで精神がおかしくなり、〈その狂気の合間に数冊の本を書き〉――それらの本はキケロ[2]によって校訂されたが、キケロはそれについて何も言っていない――、そして四十三歳で自殺したという。だがこれはあまり信用が置けない。というのも、キリスト教徒から見れば、彼は神の摂理に疑問を投げかけた唯物論哲学者だったから、こんなふうに「宗教に刃向かう凶暴な敵」として紹介するのが、一種の「模範解答」だったからだ。ラテン語の大詩人たちも、この人物の名誉になるようなことは何一つ

**Titus Lucretius Carus**
(ca.99-55 BC)
ルクレティウスは、ローマの詩人。『事物の本性について』でエピクロス流の唯物論的宇宙論を説く。そこでは反宗教的態度が貫かれ、原子論的唯物論（アトミズム）が自然の原因を説明し、人々を死と自然への恐怖から救い出すとされる。本来なら垂直落下するはずの原子がなぜか傾斜運動（クリメナン）を起こした結

言っていない。ホラティウス[3]もティブルス[4]もプロペルティウス[5]も彼を無視しているし、ウェルギリウス[6]は、何度も彼を模倣していながら、その名は出さないままだ。オウィディウス[7]だけが、彼を称えている。〈ルクレティウスの崇高な詩は、全世界が破壊されるときまで、滅びることはないだろう〉と。

おそらく、その尊敬する師エピクロス[8]の教えに従って、ルクレティウス（ティトゥス・ルクレティウス・カルス）は「隠れて生きる」ことを望んだのだろう。だがそれがあまりにうまく行きすぎたために、その名前すらあやうく冥暗の中に消えてしまうところだったのである。八世紀にはすでに、その主著『事物の本性について』のたった一部の手稿だけしか残っていなかった。ルネサンスの時代になって人々は彼の名誉を回復させ、啓蒙主義の時代になってついに彼は裸になって姿を現したのだ。

六巻からなる壮大な詩的かつ哲学的叙事詩である『事物の本性について』は、エピクロスの教義をローマで広めようという意図を持つ書物だった。エピクロスの教義については、不信心で冒瀆的なものだとする人もあったが、ルクレティウスは、この教義はさまざまな人間の病、死の恐怖や病気、苦痛や神々への畏れ、を癒すのにもっとも適したものだと主張する。ルクレティウスはエピクロス主義をラディカルに推し進め、マルクス[9]より何世紀も前に、宗教とは、精神を曇らせ、人間をあらゆる種類の恐怖の支配下に置こうとする「人民の阿片」であると言って切り捨てた。人々は、そういう恐怖から逃れるには、生贄や宗教的儀式によるしかないと信じていたわけだが、



果現在の宇宙がある。このクリメナンは、彼の描く唯物論的で必然的な世界に偶然を導入した。彼は無神論者ではないが、神々は人間とは無縁だと考えている。

**1** Eusebius Sophronius Hieronymus（ca.340-420）アンブロシウスと並び称されるキリスト教の教父・聖書学者。四大ラテン教父の一人。聖書のラテン語訳（『ウルガタ訳聖書』）を完成。

**2** 本書四七頁脚注参照。

**3** Quintus Horatius Flaccus（65-8 BC）ローマの詩人。解放奴隷の子に生まれ、ローマとアテネで学ぶ。ウェルギリウスと親交を結び、アウグストゥス帝の寵臣で文芸保護者のマエケナスの援助を受け、帝の知遇を得る。作品に『風刺詩』など。

**4** Albius Tibullus（ca.60-19 BC）ローマの抒情詩人。ホラティウスと親交があった。

ルクレティウスによれば、そうしたものは、ただ本当の「事物の本性」、世界を動かしている仕掛けの法則を知っていれば、雲散霧消してしまうのだという。

　宇宙の始まりには原子しかなく、それらの原子は――その中のいくつかが、たまたま軌道を逸れ（いわゆるクリナメン[10]である）――互いにぶつかりあい、何百万というさまざまなやり方で組み合わさって、自然に存在するありとあらゆる「形」をとったのである。植物、鉱物、人間、動物……というふうに。〈さらにまた考察してみよ、人間の種族を、物いわず泳ぐうろこ持つ魚の群れを、楽しげな家畜たちを、野生のけものたちを、さまざまな鳥たち、悦ばしげに川や泉や湖の岸辺に集う鳥たちや、森の奥深くをあちらこちらと飛び交う鳥たちを。もしそれぞれの種のそれぞれの生き物を順々に吟味してみるなら、彼らのあいだにさまざまな形の違いがあることに気付くだろう。さもなければ、子は自分の母を識別できないだろうし、母もまた自分の子を識別できないだろう。しかるに、彼らにはそれができるのであって、われわれはそれを知っている。動物たちは、人間に劣らず、仲間どうし互いに知り合っているのである〉（第二巻、三百四十二行）。

　エピクロスやデモクリトス[11]によってもたらされたこうした知識を、もし人間たちが手に入れることができたなら、つまり、もし、死のあとには何もないのだということを知ることができたなら、彼らは生きているうちから死について思い悩むことはないだろうし、宗教的迷信や、その他人間を不幸にするあらゆる種類の過ちの奴隷でい



作品は『ティブルス全集』（四巻）にまとめられている（後半二巻は死後出版）。主に恋愛や田園生活などを歌った。

**5** Sextus Propertius（ca.50-15 BC）ローマの叙情詩人。キュンチアという女性を主題とした『エレゲイア集』が評判となり、文芸保護者マエケナスの文人サークルに迎えられた。

**6** Publius Vergilius Maro (70-19 BC) ローマの叙事詩人。マエケナスの知遇を得て、アウグストゥス帝に紹介され、友人ホラティウスらとともにラテン文学の黄金時代を築いた。作品に『農耕詩』、未完に終わった『アエネイス』など。

**7** 本書四六頁脚注参照。

**8** Epikouros（341-270 BC）快楽主義を説いたギリシアの唯物論哲学者。ただし、真の快楽とは放埒な欲望の充足ではなく、むしろ欲望から解放された平静な心境であると説いた。

るのをやめることができるだろうとルクレティウスは言う。〈おお、哀れな人間の精神よ、おお、盲目の心よ！　何という暗闇の中で、何という危険の中で、人生というこのほんのわずかな瞬間を、あたら無駄に費やしているのか！　どうして自然の叫びを聞かないでいられるのか。自然が望むのはただ、肉体が苦痛から解き放たれ、幸せな精神を持ち、不安や恐れから自由になることだけだというのに〉（第二巻、十四行）。

しかし、人間はそう簡単にその鎖から解き放たれはしない。だから人間は神々に賛辞を捧げ、人生を癒す薬を得ようと望むのである。そして、そのために動物たちを殺すのだ。動物もまた人間と同じように言語を持ち、同じようにその感情や、彼ら固有のその苦しみを表明するというのに。〈美しく飾られた神殿の前の、香くゆる祭壇のもとに、一頭の若い子牛が犠牲として殺され、その胸元から熱い血の泉をほとばしらせながら、倒れることがたびたびある。ひとり残された母親は、広大な森の中をさ迷い歩き、子供の割れた蹄の跡を探し求める。見失った子供をどこかに見つけることができるのではないかと、四方八方に視線を投げる。葉の茂った森を嘆きの声で満たし、森の外れまで来ると立ち止まる。それからまた、子を失った悲しみにその母心を貫かれながら、何度も家畜小屋に戻る。やわらかい柳の若枝も、露を含んだ生き生きとした牧草も、岸まであふれて流れる川も、その心をそらせ、思いがけなく襲った悩みを忘れさせることはできない。肥沃な牧草地で草を食むほかの子牛たちを見ても、気をそらせ、憂いをとくことはできないのである〉（第二巻、三百五十二行）。

**9** 本書一〇四頁脚注参照。ちなみに若きマルクスの学位論文の標題は「デモクリトスとエピクロスの自然哲学の差異」である。

**10** clinamen クリナメン（ラテン語）。エピクロス原子論で、不特定的に原子の運動方向に生じる微小な偏倚《へんい》。原子の衝突、結合を導く多様な自然の生成原理とされた。

**11** Dēmokritos（ca.460-370 BC）ギリシアの唯物論哲学者。自然においては空間内における原子の結合・分離の運動があるだけで、色や味などの感覚的性質は主観的現象にすぎないとする「原子論」を樹立。

# マキアヴェリの豚

**Niccolò Machiavelli**
（1469-1527）
マキアヴェリは、ルネサンス期イタリアの高級官僚で思想家。「マキアヴェリスト」「マキアヴェリズム」といったレッテルから受ける権謀術数の権化のようなイメージは、君主がその権力をいかに維持し伸長すべきかを冷徹に分析した著作『君主論』（一五一三）に由来している。しかし、実際にはこの著作が、諸外国の

ある人を「マキアヴェリ的」だと言えば、要するにあまり付き合いたくない人物だということだ。きわめて狡猾で陰険で、裏表を使い分けることが多く、いつも何かたくらんでいる、そんなイメージだろう。しかしながら、この言葉のもとになったニッコロ・マキアヴェリその人が、この形容詞にふさわしい人物であったかどうかは、保証の限りではない。

『君主論』のもっとも有名な章のひとつ（第十五章）で、彼は、自分が描きたいのは、物事の「実効性のある真実」であって、「それについて人が抱く想像」ではない、と言っている。だからこそ彼は、人間を、そして自分自身を、そのあるべき姿で、ではなく、そのあるがままの姿で、描いたのである。マキアヴェリは、人間を天使だともけものの

だとも言っておらず、混成体《ハイブリッド》だと言ったのだ。

そして、そのことがもっともよくわかるのは、統治すべき任務を負った人間においてだと言う。もしその者が、一方的に天使のようであるか、あるいはけもののようであれば、その権力は一日ともたないだろう。その人物に必要なのは、〈物事の変化と幸運の風が命じる方向に曲がることを得意とする精神を持つ〉ことであり、さらに、〈必要なときには、善から遠ざかってはならないが、しかしまた、どうしてもというときには、悪の道に入ることもできなければならない〉のである。君主は、人間的な法に基づいて行動することも、また動物的な力に基づいて行動することもできる。〈しかし、たいていの場合、前者だけでは不十分であり、後者の助けを借りることが必要〉なのである。

その場合には、しかし、けもののように振る舞ってはならない。もっと獰猛な相手に出会う危険があるからだ。むしろ「けものを上手に利用する術」を知らなければならない、ライオンやキツネの中にある最良の資質をうまく取り入れ、統御する術を知らなければならない。ライオンであることの方が好ましい、と思っている者たちは、〈何もわかっていない〉し、キツネであることを望む者たちもまた同様である。〈実際、ライオンは罠を避けることを知らないし、キツネはオオカミにかなわない。したがって、罠を見破るためにはキツネである必要があり、オオカミを震え上がらせるためにはライオンでなければならないのである〉。




脅威の前で、分裂したままの祖国イタリアを統一するという理想を前提としていることを忘れてはならない。

動物たちがどんなふうに物事を見ているのかは、人間にはわからない。マキアヴェリは、現実主義に根ざした新しい政治哲学の時代を切り開き、政治の自律性を定義しようと試みた人物であるが、しかし、彼はまた自分自身を、フランソワ・ギシャルダンに宛てたある手紙の中で、「歴史家、喜劇役者、悲劇役者」であると形容しており、動物たちの物の見方を、孔雀、熊、豚たちに語らせながら、自由に想像して楽しんでいる。

一五一六年、つまり『君主論』の執筆の三年後（ただし『君主論』が出版されるのは一五三二年）、マキアヴェリは、未完のまま終わった、「ロバ」と題する一編の詩を書いている。ちょっとダンテ[1]風でもあり、ちょっとアプレイウス[2]風でもあるこの詩は、またちょっとホメロス[3]風でもあって、とくに、キルケによって動物に変えられてしまったオデュッセウスの部下たちの冒険のエピソードから想を得ている。

ヴォルテール[4]は、その『哲学事典』の中で、ボワロー[5]もラ・フォンテーヌ[6]も〈どうやら〉この詩の話を聞いたことはなかったらしいと意地悪く指摘しながら、これをこんなふうに紹介している。〈この作品は、同時代人たちへの風刺である。作者は、たくさんのフィレンツェ人に会うが、その中のある者は猫に変えられ、またある者は龍に変えられる。犬に変えられた者は月に向かって吠えるし、キツネに変えられた者はだましの手には引っかからない。それぞれの性格が、ひとつの動物の名を借りて描き出されている。メディチ家の人間やその敵たちもおそらくそこに顔を出しているの

1 本書二四頁脚注参照。

2 Lucius Apuleius（ca.125-180）北アフリカ生まれの古代ローマの哲学者、修辞学者。代表作『黄金のロバ』は二世紀の世相を風刺している。

3 本書六八頁脚注参照。

4 Voltaire（1694-1778）フランスの作家・啓蒙思想家。本名フランソワ＝マリー・アルエ。哲学・戯曲・詩・歴史・小説・批評・手紙など、さまざまなジャンルに足跡を残した。『哲学書簡』（一七三四）、『カンディード』（一七五九）。

5 Nicolas Boileau-Despréaux（1636-1711）フランスの詩人。古典主義の文学理論をまとめ上げ、理性や明晰さ、調和的美を重んじる『詩法』（一六七四）を著した。

6 Jean de La Fontaine（1621-95）フランスの詩人。劇作家のモリエールやラシーヌ、前出のボワローらと親交を結び、フランス古典主義文学の黄金時代を築いたことで知られる。

だろう。だからもし、この喜劇的な黙示録の鍵を手にする人間があったら、その者は教皇レオ十世とフィレンツェの騒動の秘密の歴史を知ることになるだろう〉。

マキアヴェリは、詩の最後で一頭の豚《ぶた》に語らせている。「糞便と泥にまみれた鼻面」を持つこの「卑しい動物」は、哲学的思索にふけり、人間どもに向かってこんなふうに語りかけるのである。

自然はあなたたちに手と言葉を与え、
ついでに野心と、さらにあれらの美点を
ことごとく打ち消す吝嗇さまでお与えになった。
自然はまずあなたたちにどれほどの弱点を課し、
それから富をお与えになったことか！
どれほどの幸福を、甲斐もなく、約束されたことか！
野心と贅沢、そして涙と吝嗇《りんしょく》が、
まるで疥癬《かいせん》のように、あなたたちに張り付いているのだ、
あなたたちがかくも執着するその暮らしの中で。
いかなる動物も、かくもひ弱な命を持ち、かくも激しく生きたいと望み、
またかくも多くの混乱や恐怖や憤りを
経験することはない。

イソップ物語に材をとり、動物を通して人間類型を描き出した『寓話集』（一六六八―七八）など。

豚は豚を責め苛んだりはせず、
鹿もまた鹿を苦しめはしない。ただ人間のみが
人間を殺し、十字架にかけ、裸にむくのだ……。

# マルクスのビーバー

動物たちは労働するだろうか。われわれはごく自然に、彼らも働くのだという考えに傾くだろう。ほら、モグラだって一生懸命に地下の回廊を掘ったりするし、ツバメだって休みなく行ったり来たりして巣を作るために羽や泥や小枝を運んでいるではないかと。

もし仕事が、エネルギーを過度に使うことだというなら、農耕用の家畜や荷物を引く動物たちだってへとへとになるまで働かされているし、聖フベルトゥス[1]によって、狩人が殺したキジを運ぶよう強いられている哀れな犬だって、実に気の毒なものだ。

もし仕事が、専門的な技能だというなら、決められた時間に運動選手や軽業師や道化師の真似をさせられるようしつけられた、イルカやトラや象やプードルたちのこと

**Karl Heinrich Marx**
（1818-83）
マルクスは、ドイツの思想家。ヘーゲルの観念論を批判して、物質的生活の生産様式（「下部構造」）が人々の意識のあり方（「上部構造」）を条件づけるという唯物史観を唱えた。共産主義的ユートピアを実現するためには、資本家による生産手段の占有は告発されねばならないが、資本主義の成熟とプロレタリアートの革命

を思い浮かべればいい。

　もし仕事が、生産することだというなら、マルクスが人間について言っている（『資本論』第一巻）のと同じことを、動物について――ただし必要なら爪やくちばしやしっぽを付け加えて――言っておけばいいだろう。〈その肉体に与えられたところの力、腕や脚、頭や手、といったものを運動させることによって、人間は物体と同化し、自分の生に有用な形を物体に与えるのである〉。動物もまた、物体を変換することで、住居を建築したり、トンネルを掘ったり、道を敷いたり、隠れ家を作ったり、罠を仕掛けたり、さらには道具を作り出したりしているのだということを、否定する者が果たしているだろうか。

　最後に、もし仕事が、卓越した腕前や能力だというのなら、動物にだって立派に職人に教えられるほどの技能があることを忘れてはいけない。〈蜘蛛がおこなう作業は、織物師のそれに匹敵するし、蜂が作り上げる巣穴の構造の見事さは、建築家の技術をも上回る〉。

　おそらく動物好きではあったろうが、しかし、搾取されている人間たちがその鎖から解き放たれ、彼らからその生を奪っている資本主義的な労働の構造を打ち破ることをもっとも強く望んでいたカール・マルクスによれば、しかし、動物の活動と人間の労働とのあいだには、本質的な違いがあるという。

　蜂もビーバーも、あるいは蜘蛛も、実際は〈働いて〉はいない。なぜなら、〈もっ

の両方が必要であると主張し、全世界に多大な影響を与えた。『共産党宣言』（一八四八）、『ブリュメールの十八日』（一八五二）、『資本論』（一八六七）など。

**1** Hubertus (655-727) 聖フベルトゥス（聖ユベール）。マーストリヒトおよびリエージュの司教。伝説では、狩りの途中で頭に十字架の紋を持つ鹿に出会って回心したという。狩人の守護聖人。

とも無能な建築家といえども、もっとも熟練した蜂から区別される点がある。それは、建築家の方は、まず自分の頭の中でいったん巣の蜜房を組み立ててから、巣箱の中にそれをつくるということである。その仕事の到達点として得られる結果は、前もって理想的な形で、つくり手の頭の中に存在しているのだ。彼は自然の素材に手を加えてその形を変えるだけではない。そのことによって、自分が心に描いているある固有の目的をも同時に達成するのである。その目的こそが、一種の法則のように、彼の行動様式を定めているのであり、その目的へと、彼は自分の意志を従わせているのである〉。

なるほど確かに、動物もまた生産するだろう。しかし、とマルクスは『経済学・哲学草稿』の中ではっきりと言う。〈動物は、自分または自分の子供にとって今すぐに必要としているものしかつくらない。動物は、一方向的に生産するのだ。それに対して、人間は普遍的なやり方で生産するのである〉。ビーバーは防波堤を築き、鳥は巣をつくる。だがそれはあくまで〈目前の身体的・物理的必要の支配下で〉そうするのである。ところが人間は、〈身体的・物理的必要がまるっきりなくても生産するのであり、また、まさにそういう必要がないときにこそ生産するのである〉。

ビーバーは堤防をつくるが、巣はつくらない。鳥は巣をつくるが、防波堤はつくらない。ましてやほかの鳥の巣をつくってやったりはしない。なぜなら〈動物は、自分が所属する種の必要に応じてしかものづくりをしないからだ。それに対して人間は、すべての種の必要に応じてものを生み出すことができるし、あらゆるところで対象にその固有の性質を与えることができるのである〉。

まさにそれゆえに、人間は、ものを構築する前に頭の中にその対象を描き、それにある形、ある線を与え、〈美の法則にしたがって〉それを製造することができるのである。

蜂はたぶん働き者だろうし、ビーバーがプロレタリアであることは間違いない。だが人間は、労働によって疎外されてさえいなければ、同時に労働者であり、職人であり、芸術家なのである。

# メルロ=ポンティの椋鳥

モーリス・メルロ=ポンティが一九五六年からコレージュ・ド・フランス[1]で担当した「自然の概念」についての講義は、幸いそのかなり詳細な「講義ノート」が残されており、本としてまとめられている。

ジャン=ポール・サルトル[2]とともに雑誌『レ・タン・モデルヌ』を創刊し、やがて政治的な理由でサルトルと袂を分かったこの哲学者は、一九五七年から一九五八年にかけての年度の講義で、動物性、知覚、言語、動物的行動、といった問題を扱っている。そのとき彼がよりどころにしたのが、近代生物学の大きな潮流、とりわけ、ヤコブ・フォン・ユクスキュル[3]やアドルフ・ポルトマン[4]、あるいはコンラート・ローレンツ[5]などの動物学や民俗学の研究だった。

**Maurice Merleau-Ponty**
(1908-61)
メルロ=ポンティは、フランスの哲学者。彼の哲学は、身体が「知覚すると同時に知覚される」ことに着目し、身体が主観と客観に分離できない「両義性」をもつことを基盤にして、そこから知覚される世界に内属する身体の現象学を展開する。その後、身体の知覚からいかにして言語や真理が可能になるかを問題にし

フッサール[6]とハイデガー[7]が切り開いた現象学の道を踏み固めていったメルロ＝ポンティは、この二人と同様（そして、のちのジル・ドゥルーズ[8]同様）、ユクスキュルによって練り上げられた「環世界」という概念を開拓し、ローレンツの本能の概念について、こうコメントしている。

〈「本能的な傾向」というのは、ある目的に向けて方向付けられた行動ではない。たとえどんなに遠い目的であろうと、そのようなものを動物は意識していない〉。ローレンツが示したように、本能は〈ほとんど有機体の器官の機能そのものと見分けがつかない〉のであり、〈目的なきもっとも本源的な活動〉なのであって、ある目的に向かって方向付けられることはないまま、ただ目的に〈引っかかって〉くるのである。そうやって〈内から押し上げてくるなんらかの圧力を解消する〉のである。目的は、とメルロ＝ポンティははっきりと述べている。〈あたかも、動物自身が自分の中に持っていたあるメロディの断片をその動物に持ち来たらすかのように、あるいはひとつの先験性《アプリオリ》を目覚めさせるかのように、ある想起《レミニセンス》を引き起こすかのように〉介入するのである。

本能は、「内部のしっかりと打ち立てられた活動」であるが、それは盲目であり、自身の目的を知らない。だからこそ、本能が〈代替や移動や「空虚な活動」や「儀式化」をおこなうことが可能であり、たとえば交尾のようなもっとも重要な生物的行為にそれらを重ね合わせるだけでなく、それらを転移させたり、変貌させたりさえする



た。『知覚の現象学』（一九四五）、『シーニュ』（一九六〇）、『見えるものと見えないもの』（遺稿）など。

**1** パリにあるフランスの高等専門教育機関のひとつ。一五三〇年、国王フランソワ一世が設立。普通の大学と違って、講義は公開で誰でも聴講でき、修了資格の授与などはないが、名だたる著名学者たちが講義を行う。ウェブサイト（http://www.college-de-france.fr）で、現教授陣の講義が聴ける。

**2** 本書八九頁脚注参照。

**3** 本書五三頁脚注参照。

**4** Adolf Portman（1897-1982）スイスの動物学者。哺乳類と人間の子供の発達を比較研究して、「人間は生後一歳になって真の哺乳類が出産時に実現している発育状況にやっとたどりつく」と、人間の生理的早産を主張した。『人間はどこまで動物か』（一九六一、邦訳岩波新書）など。

ことが可能〉だとしても、驚くにはあたらない。

それはつまり動物も〈遊ん〉だり、〈ごっこをやっ〉たり、〈真似〉たり、芝居を演じたり、〈不活動や夢幻的生活への一種のかかわり〉を持ったりすることが可能だということだろうか。

数年前、携帯電話が出回り始めたころ、カフェのテラスでプラスチックのおもちゃの携帯を持って電話する振りをしていた子供たちがいた。さて、お立ち合い、メルロ＝ポンティの描くこの不思議な鳥をとくとご覧あれ！

〈そんなふうにしてその椋鳥《むくどり》は、同類の鳥からそんな振る舞いを一度も教わったことがなく、今まで一度もそんなことをしたこともないのに、ずうっとハエを追う真似をし続けるのである。しかもまわりにはハエなど一匹もいないのに、だ。鳥は彫像の上にとまり、空を見上げている。と突然、彼は獲物が視界に入ったときに同類の鳥がとるのと同じ特徴的な態度をとる。彼の目と頭は、その存在しない獲物を追う。それから彼は飛び立ち、追いかけるしぐさをし、そのくちばしで（存在しない）小動物をつつき、殺そうとする。彼は飲み込む動作をし、それから、まるで満足したとでもいうかのように体を震わせる。この本能は何かの目的のためになされるのではない。それはまったく快楽のための行動なのだ〉。

**5** Konrad Lorenz（1903-89）オーストリアの動物学者。動物の行動の理解に画期的進歩をもたらし、動物行動学と呼ばれる研究領域を確立した。『ソロモンの指環――動物行動学入門』（一九六〇、邦訳ハヤカワ・ノンフィクション文庫）など。ノーベル生理学・医学賞受賞。

**6** 本書八八頁脚注参照。

**7** 本書七一頁脚注参照。

**8** 本書五一頁脚注参照。

# モンテーニュの燕

〈思い上がりは、私たちの自然な、そして原初的な病である。あらゆる被造物の中でもっとも惨めでか弱い生き物、それが人間であるが、と同時に、もっとも傲慢な生き物なのだ……〉。人間は泥土と糞便の中に住んでいるが、それでいて〈想像力によって月の軌道よりも高いところに身を置こうとする〉のであり、また〈この同じ想像力の虚栄〉によって、自分を神に等しいものとみなし、動物たちからできるだけ遠ざかろうとするのである、まるで動物たちを不名誉の中に沈めることが、自分たちの不名誉さを雪《そそ》いでくれるかのように。『エセー』、とりわけ「レーモン・スボンの弁護」の中で、ミシェル・エーケム・ド・モンテーニュは、人間の傲岸不遜を手厳しく非難している。中でもモンテーニュが糾弾するのは、けもの《ベート》たちに対して人間らが見せる軽

**Michel Eyquem de Montaigne**
（1533-92）
モンテーニュは、フランスの人文学者・哲学者。『エセー（随想録）』（一五八〇―八八）全三巻が彼の主著である。「私は何を知っているのか（Que sais-je ?）」という有名な問いは、「私は何も知らない」と断言すらしない、徹底的な懐疑論を示している。この懐疑的態度は、キリスト教の教義が理性では証明できないこと

率さである。そもそも、愚か《ベート》ものなどとよくも言ったものだ[1]。大体、どうやって人間は〈その知性のはたらきにより、動物たちの内なる密かな震えを知っていると言えるのだろう。どんなふうに彼らと私たちを比較して、動物たちを愚かだと決め付けるのだろう〉。

思想史を繙くと、多くの哲学者たちが、動物には精神や言語があるとは考えにくいとみなしている。モンテーニュは、もちろん、そういう者たちとは違う。彼は言う。私たちには、「バスク人や穴居人」は理解できないが、しかし、だからといってそういう者たちが、彼ら同士のあいだで意思の疎通をしていないとは結論しない。けものたちと私たちのあいだのこのコミュニケーションの欠如、〈どうしてそれが、彼らと同様、私たちの側にもあるとは言えないのだろう。私たちのことが理解してもらえないとして、それがどちらの側の責任かは、考えてみる必要がある。というのも、私たちは彼らを理解できないが、それは向こうからしても同じだからだ。このまったく同じ理由によって、彼らは私たちを愚か《ベート》だと思うかもしれないのである。私たちが彼らを愚か《ベート》だとみなしているように〉。

こうしてモンテーニュは、動物たちも〈互いに理解しあっている〉ことを示すために、鳴き声やしぐさ、姿勢など、彼らの言語のさまざまな例を挙げるべく努めている。馬も、蜘蛛も、燕《つばめ》も……。

〈春になると、ツバメたちが戻ってきて、私たちの家々のあちこちをかぎまわるの

---

を認め、信仰と啓示によりどころを求めるための戦略であるとも解釈される。

1 ここで「けもの」と訳した語は bête で、フランス語のこの語には「動物、野獣」のほかに「愚かもの」の意がある。本翻訳では、ほかのところでも一貫して bête には「けもの」の訳語を当てているが、ここでは特に「愚か」の含みがあることを知らなければ、次に続く引用の意味がわかりにくい。

が見られるが、彼らは何の判断も識別もなくやみくもに、何千という場所の中から自分たちが住まうのにもっとも適した場所を探したり選んだりしているのだろうか。さらに彼らの巣のあの見事な織り上げ方についても、鳥たちは丸い形でなく四角い形を、直角よりもむしろ鈍角を用いるが、その効果や条件も知らずに、そんなことができるものだろうか。あるときには水を、あるときには粘土を運んだりするが、硬いものを湿らせれば軟らかくなるということもわきまえずに、そうしているのだろうか。彼らの御殿を苔や産毛で敷き詰めるが、そうすれば雛のかよわい手足がいっそうふんわりといっそう楽に休まることを見越さずにそうしているのだろうか。雨交じりの風を避けて、東向きに巣を作るが、風のさまざまな条件を知らずに、ある風が別の風よりも健康によいということを考慮せずにそうしているのだろうか。［……］彼らの仕事の大部分を見れば、動物たちがいかにわれわれよりも優れているか、われわれの技術がいかに彼らを真似ることが不得手であるかは、私たちにも明らかである〉。

デカルト[2]なら、こうしたツバメへの賛辞にもほとんど心動かされることはないだろう。かの「動物＝機械」論を強く信じていた彼は、そこに、結局のところ、愚かさしか読み取ることはあるまい。ニューカッスル侯爵へのある有名な手紙（一六四六年十一月二十三日）の中で、彼は『エセー』の著者に対してこんな答えを返している。〈モンテーニュやほかの人たちが動物にもあると主張する思考や認識といったものについて、私は彼らと意見を同じくすることはできません。それは何も私が、世の人々がよく言

2 本書六〇頁脚注参照。

うように、人間たちが他のすべての動物たちの上に絶対的な帝国を築いているという考えに与しているからではありません。というのも、白状すれば私は、私たちよりももっと強いものが存在し、もっとも鋭敏な人間たちをもだますことのできるような自然の策略を弄するものたちだっているかもしれないと思っているからです。ですが、私の考えでは、たとえ彼らが私たちと同じようなことをしたり、私たちを上回ったりすることがあるとしても、それはそうした行動が、私たちの言う思考にまったく導かれていないような種類の行動の場合に限られるのです。というのも、たとえば私たちは、自分がどんなふうにそれをしているかといったことをまるっきり考えないで、歩いたり、ものを食べたりすることがよくあるからです。それに、自分に害のあるものを拒絶したり、人からの攻撃をよけたりするときには、私たちはまったく自分たちの理性を使っていませんし、手を前につこうというはっきりとした意志をもっているわけでもないのに、転んだりしたときには、どうしてもそういう行動をとらずにはいられません。〔……〕動物たちが、多くのことを私たちよりうまくやれるということは、私も知っていますが、そのことで別に驚いたりしません。というのも、そのことは、動物たちがまったく自然に、反射によって行動しているということを証明しさえしてくれるからです。それは時計のようなものであって、時計は、私たちが自分で判断するよりも正確に今何時であるかを教えてくれます。そしておそらく、ツバメが春にやってくるとき、彼らはそのことでいわば時計のように行動しているのです〉。

# モンテスキューの蛇

〈権力を濫用しないためには、物事の配置によって、権力が権力を止めるようにしておく、ということが必要である〉。この「配置」については、よく知られている。すべてが一人の暴君の手に落ちることのないように、三つの権力――立法、行政、司法――は分立していなければならないということだ。ここからおわかりのとおり、もしシャルル・ド・スゴンダ、すなわちバロン・ド・ラ・ブレード・エ・ド・モンテスキューが存在していなかったとしたら、民主主義が常に自分につきまとう危険から身を守るためには、もうひとり別のモンテスキュー男爵を発明する必要があったに違いない。

そんなわけで、われわれは今も『ペルシア人の手紙』と『法の精神』を手放さず、

**Charles-Louis de Secondat (baron de La Brède et de) Montesquieu**
（1689-1755）
モンテスキューは、フランスの哲学者で、政治学の創始者と見なされている。つまり、政治学はようやく、神学と倫理学と形而上学の縛りから解き放たれたのである。『法の精神』（一七三四―四八）は、法を社会的存在者の間に成立する「単なる関係」として実

この啓蒙主義時代のもっとも豊かな共同遺産、寛容、独断主義の拒否、そして政治的自由、を浪費することのないように目を光らせているのである。

さらに、もう少し知名度の低い二つの書物、『思索《パンセ》』と『文書集《スピシレージュ》』も挙げておこう。これらは、文学や法の歴史、あるいは哲学について教えてくれる本だが、それ以上に、機知《エスプリ》に富んだ言葉の数々がつまっている。たとえばこんなふうに。〈空っぽの頭ほど、ものを詰め込もうとする〉〈私はシャトレ夫人[1]に言ったものだ。あなたは哲学を学ぶために眠るのを我慢してらっしゃるが、そうではなく反対に、どうやったら眠れるかを学ぶために哲学を勉強するべきなのです、と〉〈恥じらいは誰の中にもある。だが必要なのは、それを克服できるようになることであり、それを決して失ってはならないのだ〉〈もし幸せになりたいのなら、それはやがて実現するだろう。だがもし、ひとよりも幸せになりたいというのだったら、それはたいていの場合、困難である。なぜなら私たちは、他人のことを実際以上に幸せだと思い込んでいるのだから〉。

『文書集《スピシレージュ》』――この語は「穂を集める」「落穂を拾う」ということを意味する――は、一種の「スクラップ・ブック」であるが、その中でモンテスキューは、実に生き生きと、ありとあらゆることに関する自身の観察を集めている。船の動きについて、国王の憲兵隊について、性格について、イギリスの公的負債や、諸言語、古典作家たち、宗教について〈懐疑派は、信じる者に対してどのようなアドバンテージを持ちうるか。それはそれは恐ろしいアドバンテージなのである。すなわち、〈その者は、私の妻と

証的に捉えた最初の書物である。権力も「単なる関係」であり、したがって、それを分立させて均衡させることもできないことではないとした。他に『ペルシア人の手紙』（一七二一）など。

1 Marquise du Châtelet（1706-49）シャトレ侯爵夫人。フランスの女流数学者・物理学者・哲学者。ヴォルテールら啓蒙主義時代の文人たちとの交流で知られる。主著『物理学教程』、ニュートンの『自然哲学の数学的原理（プリンキピア）』の仏訳など。

娘を何の後悔もなく堕落させることができるが、一方私はといえば、地獄が恐ろしいので、そのようなことは思いとどまるのである！〉)、未知の国の人々の風習や、神話学、植生について、等々。そうしたことを、彼は自分の読書体験や旅行から、あるいは人の噂話などから引いてくるのである。

中には、あいた口が塞がらないようなものもある。たとえば、「パラマリボのポルトガル人たち」が珍重する「訪問蟻」をご存知だろうか。〈これは大軍隊のような一団となって行進してくる蟻たちである。彼らがやってくると、人々は家中のすべてのタンスや道具入れなどを開け放って、彼らがくまなく入り込めるようにする。なぜならこの蟻たちは、まるで自然や神から特別な使命を帯びているかのように、人間にとっての害虫を、ネズミの類にいたるまで、残らず退治してくれるからである。人々は彼らが毎月やってきてくれるのを待ち望んでいるが、どうかすると三年もまったく姿を見せないこともある〉。あるいはフィロストルギオス[2]によって記録されている「猿羊」や「猿熊」、「猿ライオン」はどうだろう。

それからテクサタの蛇《へび》は？　これについては、モンテスキューは——おそらく彼は何もかも自分ひとりの文責で書いているわけではないのだろう、というのも、〈この本の三十六ページまでに関しては、そのすべて、またはほとんどすべてが、デモレ神父にお貸しいただいたある大部な書物の中から、私が編纂し再録したものである〉と断っているからだ——、次のような信仰を伝えている。〈テクサタの蛇は、トルコ人

[2] Philostorgius (ca.370-430) 聖職者・歴史家。カッパドキアの生まれで、二十歳のとき、コンスタンチノープルに居を定めた。

たちのあいだでは子羊として通り、またコプト人たちのあいだでは悪魔として通っていた。この蛇は、その住処の洞窟の中で捕まえられる。パウル・ルカ〔旅行家・作家〕に随行した伝道師たちは、ある君主がそれを三十の断片に切り刻むのを見たと証言している。君主はその断片をあるすらりとした磁器の手袋の中に閉じ込めたのだったが、蛇はそれでも、まるで誰にも手を触れられていないかのごとく神聖なままに見えたという。パウル・ルカは何人かのマホメット教徒たちとその洞窟に行き、この蛇が彼らを撫でるのを見た。それから蛇は彼のところにやってきたが、怖がって動きを止めた。蛇はしっぽを支えにすっくと立ち、彼をじっと見つめて、喉を膨らませた。マホメット教徒たちは、蛇に撫でてもらえないのは、善良ではないからだと言ってパウル・ルカを責めた。世間では、この蛇は悪魔アスモデウス[4]だと主張されている〉。

3 エジプトの土着キリスト教徒で、キリスト教の一派であるコプト教を信仰する人々。

4 旧約聖書外典「トビト書」に現れる悪魔。アスモデともいう。

# ニーチェのライオン

ニーチェの生涯には、一頭の馬がいる。辻馬車につながれた、御者に容赦なく鞭打たれるかわいそうな馬だ。哲学者は、窓からそれを見ていた。その光景は、彼には耐え難いものだった。ニーチェは通りに飛び出していき、馬の首に飛びついて、馬を慰め、泣いた。そして、倒れた。

それは、一八八九年一月三日、トリノでのことだった。友人のフランツ・オーヴァーベック[1]が迎えにやってきて、彼をバーゼルまで連れて行った。そこで彼は病院に収容されることになる。ニーチェの状態は悪くなる一方で、十年のあいだに時折、ほんの短い期間正気にもどることがあるだけだった。彼は一九〇〇年八月二十五日に死んだ。

**Friedrich Wilhelm Nietzsche**
(1844-1900)
ニーチェは、ドイツの哲学者。同時代の文明批評を経て、「力への意志」が生み出す宗教・道徳・科学・哲学・芸術を生み出し、これらが陥るニヒリズムの徹底化と克服を目指し、生を肯定するために、「神の死」「超人」「永劫回帰」といった考えを生み出した。『悲劇の誕生』（一八七二）、『ツ

ニーチェの作品の中には、数匹の犬と数羽の鳩がいる。数匹のカエルとタランチュラ、それに蝶とヒル――その脳髄が、〈精神の良心的な者〉たちによって〈徹底的に究明され〉ているヒルだ。ほかに、モグラや〈市場のハエども〉、トラやマムシたちもいる。[2]

『ツァラトゥストラかく語りき』は、まぎれもなく「完全に別格」な書物である。そもそもニーチェ自身もそう言っていて、なにものも、「この作品がそこに住んでいる紺碧の孤独と距離」の概念を本当には伝えることはできないと付け加えているほどだ。確かにこれは哲学的散文詩としてもっとも謎めいた、またもっとも力強い書物であり、霊感に満ち、豊饒で、比喩や隠喩がふんだんに盛り込まれていて、文体のせいだけかもしれないが（おお、わが兄弟たちよ、実は私はあなたたちにこう言うのだ……）、福音書にも似ている。というかむしろ「福音書外典」と言うべきかも知れない。というのも、そこで語られているのは、キリスト教的価値観の転倒であり、あらゆる価値の転倒だからだ。

ニーチェの筆が描き出すペルシアの預言者ツァラトゥストラ（この名は「年老いたラクダに乗った男」を意味する）は、神が死んだことをまだ知らない人類に新しい教説を告げるために地上に戻ってくる。ツァラトゥストラは、友である鷲と蛇――「地上もっとも誇り高い動物と地上もっとも賢い動物」とともに、山から下りてくるのである。

ァラトゥストラかく語りき』（一八八三）、『善悪の彼岸』（一八八六）、『道徳の系譜学』（一八八七）など。

**1** Franz Camille Overbeck (1837-1905) スイスの神学者。バーゼル大学教授。一八七〇年にバーゼル大学に赴任していたニーチェと出会い、終生の友人となった。

**2** これらの動物たちはすべてニーチェの『ツァラトゥストラ』に出てくる。

〈ツァラトゥストラは、森のはずれにある隣の町にたどり着くと、そこで広場にたいへんな群衆が集まっているのを見つけた。ある綱渡り芸人の登場が予告されていたからであった。そこでツァラトゥストラは人々にこのように呼びかけた。「私はきみたちに超人のことを教えよう。人間は乗り越えられるためだけに存在しているのだ。人間を乗り越えるために、きみたちは何をしたか。これまで、あらゆる存在者は、自分を乗り越える何かを創造してきた。きみたちは、この大きな潮の流れに逆行し、人間を乗り越えるのではなしに動物に戻りたいのか。猿は、人間にとって何であるか。慰みものか、あるいは痛ましい恥だ。それが超人にとっての人間なのだ。つまり慰みものか、痛ましい恥なのだ。きみたちはミミズから人間までの道をたどってきた。だがきみたち一人一人の中にはまだたくさんのミミズがいるのだ。かつてきみたちは猿だった。だが今現在でさえ、人間はほかの猿たちよりもっとはるかに猿なのだ［……］。見よ、私はきみたちに超人のことを教えよう。超人はこの大地の意味だ。きみたちの意志はこう言うべきだ。超人をこの大地の意味たらしめよと！　私はきみたちに懇願する。おお、わが兄弟たちよ、この大地に忠実であってくれ、そしてこの大地を超越した希望を語るような者の言うことなど信じるな。意識していようといまいと、彼らは毒を撒き散らす者たちなのだ」〉[3]。

人間から超人へ、道は長い。少なくとも精神は三つの変身を遂げなければならない。まずラクダに姿を変えなければならない。〈「何か重たい運びものはあるか」と駄獣

[3] 『ツァラトゥストラ』第一部「ツァラトゥストラの序説」3よりの引用。日本語訳（『ニーチェ全集9ツァラトゥストラ上』吉沢伝三郎訳、ちくま学芸文庫、一九九三年）を参考に訳出。

となった精神は言う〉。そしてラクダはひざまずく。おとなしいからだ。そして運べるものなら何でも運ぶ。自らの幸福には見向きもせずに。ラクダは義務の動物だ。しなければならないことをし、自分の傲慢を殺すためにへりくだり、服従のうちにわれを忘れる。ラクダはライオンに変わらなければならない。

　孤独なライオンは自由をわがものにしようとする。だが竜がその通り道をふさいでいる。〈全身が黄金に光り輝き〉、〈うろこに覆われて〉いて、そのうろこの上には〈千年の価値〉が輝いている。その名を「汝なすべし」という。ライオンは「われ欲す」という名であり、そして相手を征服する。ライオンは、義務に「否《ノー》」と言う自由な精神なのであり、過去を断ち切り、新しい価値の創造の空間を征服するのである。

　だがライオンは、ただそうした新たな価値を可能にするのみであって、それらをまだ創造はしないのだ。「この大地への忠実さ」に到達するためには、「それ自身で動く車輪」となるためには、生と世界に「諾《イエス》」と言うためには、第三の変態をくぐらなければならない。

　こうしてライオンは、ひとりの子供に変身するのである。

# パスカルのコナダニ

リンゴ栽培者なら、たぶんリンゴハダニのことを知っているだろうし、チーズ製造者ならアシブトコナダニを知っているだろう。しかし、ヤケヒョウヒダニとか、ニクダニ、あるいはケナガコナダニということになると、さすがに知っているという人もそうはいないのではないか。ただそれでも、とにかく「ダニ」とだけいえば、理性が恐慌を来たし、恐怖やおぞましさ、嫌悪やアレルギーを呼び覚ますには十分であろう。ひとりの人間は、平均して一日に一グラムの皮膚の外皮を落とす。これは数千匹のダニが、少なくとも二か月は生きられるだけの量である。マットレスやじゅうたん、カーテンなどの家の中のほこりともなれば、むろん何百万のダニを優に養える。いつまでも永遠に《アド・ウィタム・エテルナム》、ただで。そういうわけだから、痒くなるのは必定だ。それについ

**Blaise Pascal**
(1623-62)
パスカルは、フランスの数学者・科学者・宗教家・思想家。『真空に関する新実験』（一六四七）『プロヴァンシアル』（一六五六―五七）『パンセ』（一六七〇）など。「人間は考える葦である」というよく知られた言葉は、宇宙における人間の微妙な位置を示している。人間は、その思惟の力によって偉大であるが、同時に、こ

ては話さない方がいいだろう。そしてそのケアは、アレルギー専門医か皮膚科医、もしくは気管支や肺の病気の専門医にまかせておけばいい。あるいは精神科医かもしれないが。

　しかしながら、ダニ類の中にはひとつだけ、ちっとも痒くならず、ただ知性だけをくすぐってくれるものがある。それがciron《シロン》、すなわちコナダニである。チーズ[1]や小麦粉[2]のシロンのことではなく、純粋に隠喩的な、ブレーズ・パスカルが語っているそれのことだ。

　一六五八年から、『キリスト教の擁護』を準備していたパスカルは、のちに『パンセ』としてまとめられ、一六七〇年に死後出版されることになる草稿を書き始めている。一六三四年にロンドンで『昆虫たちの劇場』が出版されるが、その著者であるイギリス人医師のトーマス・ムフェット[3]は、シロン、つまりダニについて記述し、シラミとの違いを明確にしている。顕微鏡の発明と精緻化は、おおよそ一六二四年から一六六七年のあいだに進んだ。つまり、ちょうどガリレオ[4]が、教皇ウルバヌス七世の姪に「ごく微小のものが巨大に見える小さなレンズ」を贈呈したのがこの頃であり、またロバート・フック[5]が細胞の存在を突き止めた(一六六五)のもこの頃である。さらにオランダの博物学者アントニー・ヴァン・レーウェンフク[6]が、微生物学と細胞組織学の両分野において、そのもっとも偉大なふたつの発見をしたのもこの時代だ。ひとつはバクテリアについてであり、もうひとつは、あの「ごく細いしっぽがついて、

の無限の宇宙の中では川辺の葦のように弱く、虚しく惨めでもある。しかしこの不幸の中にありながらも、同時に人間は、その思惟の力によって偉大でもある。そして、このような人間を救うのは神への信仰である。

1 フランス産のチーズ、ミモレットは、製造の過程で、この「シロン」を表面に付着させ、熟成させる(チーズ関係者には日本語でも「シロン」で通用するようだ)。もちろん出荷時にはダニはきれいに取り除かれるが、ミモレットの表面が硬いのはこのせい。

2 フランス語で粉(特に小麦粉)のことをfarineというが、日本語と同様、フランス語でも「コナダニ」のことを一般にciron de la farine(小麦粉のシロン、つまりまさにコナダニ)と呼ぶ。

3 Thomas Mouffet (1553-1604) イギリスの医師・博物学者。

非常に活発に動き回る小さな丸い生き物」、つまり精子についてである。

パスカルは、アウグスト・ハウプトマン[7]（一六五七）やエルンスト・エットミューラー[8]（一六八二）らが顕微鏡で観察し、かなり正確な図を提供してくれたダニに関する科学的データをきちんと考慮していたのだろうか。だがいずれにせよ、彼がこの限りなく小さな生き物について次々に新たな知見がもたらされる、あの大きな探求の動きの中に身を置いていたことは確かだ。彼がシロンの話を持ち出し、それを底知れぬ深みに放り込むのは、そうした潮流の中でなのである。

〈一匹のシロンは、そのきわめて小さな体の中に、さらに比べるものがないほどの小さな各部を持っていて、関節部をそなえた脚があり、その脚の中には血管があり、その血管の中には血が流れ、その血の中には体液が含まれ、その体液の中にはしずくがあり、そのしずくの中には蒸気がある。そうしたことを人間に示し、それからさらにこの最後の各部までも同じように分割して考えていけば、その人間の思考力は消耗していくであろうが、そうして到達しうる最後の対象を、ここでの議論の対象だとしてみよう。人はおそらくそれこそ自然のもっとも極小のものだと思うだろう。しかし私は、その中で人間にさらに新しい深淵を見せたいと思う。目に見える宇宙だけでなく、この原子の縮図の内側を描いて見せたいと思う。そこに無数の宇宙を見てもらいたい。その宇宙のそれぞれが、目に見える世界、この地球と同じプロポーションで、その蒼穹、その惑星群、その大地を持っているのだ。彼はそこに動物たちや、ついに

ゲスナー（スイスの博物学者）の『動物誌』の刊行されなかった第六巻（昆虫誌）の原稿をもとにした図譜『昆虫たちの劇場』（一六三四）をまとめた。

4 本書四四頁脚注参照。

5 Robert Hooke（1635-1703）イギリスの物理学者・天文学者。光や重力に関してニュートンと論争した。理論物理学者ニュートンの陰に隠れたその実験物理学者としての才能や業績は、『ロバート・フック　ニュートンに消された男』（中島秀人著、朝日出版社、一九九六年）に詳しい。

6 Antonie van Leeuwenhoek（1632-1723）オランダの顕微鏡学者・博物学者。拡大率二七〇倍の単式顕微鏡を作り、初めて赤血球の正確な記述、細菌の絵などを残した。

7 August Hauptmann（1607-1674）ドイツの医師。熱病や伝染病は目に見えない微生物によって引き起こされると考えた。

はシロンを見るであろうが、そのシロンの中にもやはりまた、最初のシロンたちにあったのと同じものが見出されるだろう。そして、ほかのあらゆるものに対しても、終わりなくまた休みなく、同じことを繰り返していけば、人間はやがて、その広大さのゆえに驚くべき一方の不思議と同様、その微小さのゆえに驚くべきこの不思議さの中で、自らを見失うことであろう……〉。

こんなふうにしてまさに、マットレスを住処とし、ミモレットの外皮に穴を掘り、小麦粉の中で身を震わせるあの小さな微生物が、実に深遠な形而上的瞑想の主役となるのである（『パンセ』一八五）。〈というのも、結局、人間は自然の中で何であるか。無限に比べれば虚無、虚無に比べればすべて、無と全のあいだのその中間者である。どちらにしても、両極を理解することからは、無限に遠く隔たっているのだ……〉。



**8** Michael Ernst Ettmüller（1644-83）ドイツの医師。ダニなどで引き起こされる皮膚病の治療に大きな貢献を果たした。彼が描いたというこの一六八二年のデッサンは、今でも書物やネット上の専門的なサイトなどで見ることができる。

# プラトンの白鳥

おそらくは、その高く聳え立つ首のせい、あるいはその真っ白な羽毛のせい、あるいはその水の上での物憂げな動きのせいであろうか、白鳥《はくちょう》を愉快なやつだと見立てる者はひとりもいない。それは、純粋さと、恩寵と、荘厳さのシンボルであって、決して陽気さのシンボルではない。あるいは場合によっては、それはむしろ、高貴な仮面をかぶった意地悪なものになることさえある。中世の動物寓話の中には、その肉を黒いものとし、不実さのしるしだとしているものもあるのだ。いつも「アヴェ・マリア」を朗唱しているエセ信者と同じ、見かけは聖アンブロシウス[1]のように敬虔でありながら、実際は腹黒い罪人だというのである。

実際のところ、白鳥《シーニュ》、つまりキュクノス[2]といえば、怒れる戦士たちの神、アレス[3]

**Platon**
(427-347 BC)
プラトンはギリシアの哲学者。『ソクラテスの弁明』『国家』など多数の著作は対話篇の形をとっている。師ソクラテスにならう形で哲学を始めるが、後に彼独自の体系を作り上げる。その「イデア論」は、生成変化する現象の背後に、それらの現象が分有する範型として永遠不変のイデアを見る。肉体の死後、魂がこの永遠の

の息子ではないか。キュクノスは野蛮な盗賊で、デルフォイに貢物を持っていこうとする巡礼者たちを路上で殺し、その骨を使って父親のための寺院を建設したのだった。ヘラクレスが彼を殺した。

もうひとり、別のキュクノスもいる。ポセイドンの息子だ。彼はアキレスに絞め殺された。父ポセイドンは彼を白鳥に変え、星座の形で空にまつった。さらにもうひとりのキュクノスは、リグリア人[4]たちの王であった。彼は、あの太陽の車を操縦したファエトンの恋人だった。ファエトンが死んだとき、キュクノスは嘆き悲しみ、あまりにも長い間泣き続けたので、アポロンは心を動かされ、彼を、やはり白鳥に変身させたのだった。このとき以来、この長くしなう首を持つ白い鳥は、その死の前に、最後の嘆きの歌を聞かせるようになったのである[5]。

プラトンは、『パイドン』の中で、白鳥の歌に言及している。ソクラテス[6]の死について語る対話だ。〈男が覆いを取り除けて顔が見えるようにしました。ソクラテスの目はじっと据わっていました。それを見て、クリトンは口と眼を閉じてあげたのです。これが、エケクラテスよ、われらが友人の最期でした。私たちが知ることのできた人たちの中で、もっとも素晴らしく、もっとも賢明で、またもっとも公平だったと言うことのできる人の最期だったのです〉。毅然と《ストイックに》して、ドクニンジンをあおり、ソクラテスはその体を永久に動かなくさせてしまう毒を飲み込んだ。だが同時に、それはこの世の生の苦しみから彼を解き放ってくれる薬でもあったのだ。ソクラテスがそう説



イデアを認識できるように魂を浄化する「死の練習」として哲学を考え、生を哲学する場とすることで、有限なわれわれの生は永遠の意味づけを与えられる。

**1** 本書二八頁脚注参照。

**2** フランス語で白鳥を意味するシーニュ(Cygne)の語源は、ギリシア語のCycnos (Kuknoss)。本文にあるように、ギリシア神話には、白鳥に変えられるキュクノスという神が何人も登場する。

**3** ギリシア神話の神。ゼウスとヘラの子。

**4** 先史時代からスペインからイタリア北西部にかけての地中海沿岸に居住していた先住民族。ギリシアの植民者によって知られ、頑健、勇猛な民族とされた。前一一七年頃にはローマに服属し、リグリアという行政区が設置された。

**5** 西洋には、瀕死の白鳥は美しい鳴き声を聞かせるという

明し始めると、それまでこらえていた友人たちもどっと涙を流した。死は何でもない。なぜならそれは、魂にまでは及ばないからだ。体から離れた魂は、だがまだ自分自身の重さに苦しめられ、つまり汚染され、不純な状態で、初めは亡霊のように漂う。そして、やがて別の体に宿りの場所を見つけるのだ。もし独裁者や乱暴者の魂だったら、狼や鷹の体に、もし公正で節度ある人の魂だったら、蟻や雀蜂や蜜蜂のような〈おとなしい習性の〉動物の体に、もし徳のある人の魂だったら、人間の体に。

そして、快楽と欲望の奴隷に堕すことなく、その生涯を哲学することに捧げ、叡智に到達した者の魂なら、「神々の種族」に加わることが許されるだろう。

ソクラテスは、自分にそのような運命が待っていることを疑っていない。あなたはどうして、死んだあとも魂が存在すると確信することができるのか、と心配げな友人たちがソクラテスに尋ねる。プラトンは、ソクラテスにこう答えさせている。〈人間たちは、自分たち自身が死を恐れるものだから、白鳥のことまでも中傷し、こう言っているね。「白鳥たちは自分たちの死を嘆き、その苦痛のために、最期の歌を歌っているのだ」と。だがその者たちはよく考えてみもしないのだよ。どんな鳥も、お腹が空いたり、寒かったり、何かの痛みに苦しんでいるときに歌ったりするものではないということを。伝説によれば苦痛のために嘆きの歌を歌っていると言われているナイチンゲールも、ツバメも、ヤツガシラも、そうではないのだよ。ぼくには、これらの鳥たちも白鳥も、苦しみのために歌を歌っているようには見えないのだ。むしろ白鳥

伝説があり、芸術家の最後の傑作、絶唱等を「白鳥の歌」と呼ぶこともある。

**6** 本書一四三頁脚注参照。

たちは、ぼくの知る限りでは、アポロンの鳥たちなのであって、それゆえ予知能力を備えているのだ。それらの鳥たちは、ハデスのもとで[7]見出すであろうさまざまな徳のことを予知して、まさに死なんとするその日、それまでのどの日にもまして、歌い、喜ぶのだ。ところで、ぼくは自分のことを、まさにこの白鳥たちとまったく同じものに仕える身であり、同じ神に身を捧げているのだと思っている。彼らに劣らず、ぼくも主の神から予言の力を得ているのだ。だからぼくも、人生に別れを告げるのに、白鳥たちよりももっと苦い思いを感じているというわけではないのだよ〉。



7 ハデスは冥界の神。「ハデスのもとで」とは、つまり「死んだ後で」の意。

# ピュタゴラスの雌熊

ある定理のおかげで、彼はすっかり数学者にされてしまっている。だが本当は半神だった。黄金の太ももまで持っていたほどだ。イアンブリコス[1]は報告している。確かにその身体は人間のものだったとしても、その魂、それはアポロンに結び付けられていたのだと。そしてアポロンが、智恵という贈り物を人間たちに授けるために、彼を人間の世界に送り込んできたのだと。ポルフュリオス[2]も言う。彼は決して喜びも痛みも感じたことはなく、何ものも彼を笑わせたり、泣かせたりしたことはなかったと。テュロス[3]の秘儀の数々に通じ、ついでエジプトの、それからバビロンの秘儀にも通じ、説教師であり、導師《グル》であり、預言者であり、祭司《マギ》であり、政治家であり、史上初めて「哲学者」なる呼び名を与えられた、このピュタゴラスとは、一体何者なの

**Pythagoras**
(ca.570-490 BC)
ピュタゴラスは、ギリシアの哲学者・宗教家。数を万物のアルケー（原理）と考え、クロトン（南イタリア）に特殊な戒律をもつ教団を興した。ピュタゴラスの定理（三平方の定理）を含むさまざまな数学の定理は、実はピュタゴラス自身ではなく彼の死後この教団によって発見されたものである。輪廻、真理を認識す

か。

　数多くの伝説的な逸話は別にして、この人物について確かなことはほとんど知られていない。わかっているのはただ、小アジアのサモスの生まれ（紀元前五七〇年頃）であること、南イタリアとシチリアに暮らしたこと、クロトン[4]で学校というか、政治的宗教団体を創設したこと、そしてメタポンティオンで死んだこと（前四八〇年頃）、である。おそらく、ピュタゴラスは何一つ書いたものは残さなかった。たとえディオゲネス・ラエルティオス[5]が、彼のものとして、三冊の本、教育論、政治論、そして自然論を挙げているとしても。ただし、数学を初めて真の科学として扱ったのは彼とその弟子たちであったことは疑いがない。彼らが、今日われわれになじみのあるさまざまな用語（量、平面、角度、線など）のコンセプトを練り上げたのであり、数というものを事物の物質的実体そのものにまで仕立て上げたのだ。事物は、そのときから、ある測量可能な幾何学的構成物として見られるようになったのである。

　ある程度の確実さをもって彼のものだと言える唯一の学説は、輪廻の説である。すなわち、魂は死後、別の生き物の身体へと転生するということだ。動物は人間に奉仕するためだけに存在すると考えたアリストテレス[6]とは違って、ピュタゴラスは、魂のない身体は存在しないと考えていた。それゆえ、ディオゲネスによれば、ピュタゴラスは〈必然性のサイクルを経巡る魂は、時にはある動物に、時にはまた別の動物に結びつくということを初めて宣言した者〉なのである。だから彼は、栽培した植物を

ることによる魂の救済、特定の数を神秘的なものと考える宇宙論など、教団の説く思想は、プラトンに与えた影響も大きい。

**1** Iamblichus（ca.250-330）古代ギリシアの新プラトン派哲学者。ポルフュリオスに学び、シリアに哲学学校を創設。ギリシア哲学と東方神秘主義を結合した。主著に『ピュタゴラスの生涯』がある（邦訳『ピュタゴラス伝』佐藤義尚訳、国文社、二〇〇〇年）。

**2** Porphyrius（ca.234-305）古代ギリシアの新プラトン派哲学者。プロティノスの弟子。前記翻訳本『ピュタゴラス伝』には、ポルフュリオスによる『ピュタゴラス伝』も併載されている。

**3** ツールとも呼ばれる。古代フェニキアの海港都市。聖書ではツロ。現在はレバノンの小都市となっており、スールと呼ばれる。

荒らしたり、〈人間に何の損害も与えていない〉動物を傷つけたりすることを好まなかった。ピュタゴラスは、まさに自然と動物の権利擁護のパイオニア（！）だと言えよう。

ちなみに、ポルフュリオスは、このサモスの師と一頭の雌熊《めすぐま》との不思議な出会いについて語っている。この雌熊は、ひどい悪さばかりして土地の人々を怖がらせたというので悪者扱いされていた。だがピュタゴラスは恐れもせず雌熊に近づいて、果物と大麦のブリオッシュを与えた。すると熊はすっかりおとなしくなって、もう二度と人間たちを襲ったりしない、それにほかの動物たちのことも大切にする、と哲学者に約束したというのだ。この雌熊が変貌する前のように、人間たちもまた動物たちにひどく残酷な苦しみを強いて、彼らを食べているのである。もし人間たちがもっぱら菜食だけで栄養をとっていたら、きっとその暴力や攻撃の償いができることだろう。これこそがまたもうひとつの、奇妙な、「ピュタゴラスの定理」だとでも言えようか。

**4** イタリア南部の沿岸の都市。紀元前七〇〇年頃アカイア人が建設。現クロトーネ。
**5** 本書六五頁脚注参照。
**6** 本書一二三頁脚注参照。

# ルソーのオランウータン

「拝啓　人類に反旗を翻す貴殿の新しい御本、拝受いたしました。御礼申し上げます。貴殿は人々から喜ばれております。彼らに真実を教えながら、しかも彼らを矯正しようとはなさらないのですから。人間社会のおぞましさをこれほど強烈な色彩で描き出すことは余人には不可能でありましょう。この人間社会に多くの慰めを期待してしまう私たちは、何と無知でひ弱なのでしょうか。かつて誰一人として、私たちをけものへと貶めることにこれほどの精神力を発揮した者はありませんでした。貴殿の御著書を読むと、四つんばいで歩きたくなるほどです」。こうしたヴォルテール[1]の毒も、ルソーには効かなかった。ルソーは涼しい顔でこう答えている。〈美徳と自由をかくも見事に描き出すことのできる貴殿なのですから、どうか貴殿の書き物の中だけではな

**Jean-Jacques Rousseau**
(1712-78)
ルソーは、フランスの哲学者。『学問芸術論』（一七五〇）で一躍有名になるも、「自己革命」を決意して虚飾を捨て、自然についての感情を深めていった。人々の心を自然についての本当の意味でのロマンチックな感覚に目覚めさせた最初の人である。自然に対する深い愛が文明社会に対する深いペシミズムにまで至り、

く、実践においてもそれを大切にする術を教えていただきたく存じます〉。ルソーは、自分の『人間不平等起源論』のねらいを次のようにはっきりと説明している。〈私はすでに、不平等は自然状態ではほとんど感知されず、またその影響はほとんど皆無だということを証明した。今や私に残された仕事は、その不平等の起源と進展を人間精神の連続的な発展の中で示すことであり、［……］人間を社会的にすると同時に意地悪にし、人類を劣化させることで人間的理性というものを完成させることになった、さまざまな偶然を検討してみることである〉。しかしルソーはもちろん、人が自分の言葉をカリカチュア化し、そこに「良き野生」への賛美しか読み取ろうとしないかもしれないということも予期していた。

実際、この『人間不平等起源論』のいくつかのくだりが、その細かいニュアンスを意地悪く消し去ってしまえば、揶揄とからかいの対象となるだろうことはたやすく想像できる。たとえば、オランウータンに関する長い注釈がそうである。

ルソーは第一部で、自然状態における人間の〝身体的〟条件を叙述し、ついで、「自分自身でネジを巻くために自然が感覚を与えたところの精巧な機械」である動物と、人間とのあいだに区別を立てる。〈私は人間機械の中にもまさしく同じものを認める。ただしひとつ違いがあって、けものの場合には自然だけがすべての操作をおこなうのに対し、人間は、自由な動因としてこの自然の活動に協力するのである〉。さらにルソーはもうひとつ重要な相違点を挙げる。すなわち人間には、〈自己を完成していく〉

それに代えて自然な社会秩序を打ち立てようとした。『エミール』（一七六二）、『社会契約論』（一七六二）、など。

**1** 本書一〇一頁脚注参照。

能力があるというのである。野生状態の人間は〈したがって純粋に動物的な機能から始めることになるだろう〉と書いた直後に、彼は〈人類と狒々《ヒヒ》の中間にある〉〈オランウータンと呼ばれるあの大きな動物〉、〈ベッゴ〉と呼ばれたり、〈ロアンゴ王国のマヨムバの森の中で〉観察される〈ポンゴやその他のエンジョコ〉と呼ばれたりする動物についての注を挿入している。

ルソーの知識はどれも、複数の旅行記の混ぜ合わせであるが、しかし彼はその旅行記の作者たちを攻撃するのである。何を攻撃するのか。そう、これら「人間の形をした動物たち」が、実はまさに人間であること、確かに野生状態ではあるが、しかし人間であることを彼らが見ていないということを、である。

人類の中にもすでに両極端な相違があることをわれわれは認めはしないだろうか。〈巨大な身の丈をもつ人間たちからなる国があるし、確かに誇張にすぎないかもしれない小人族《ピグミー》の寓話はさておくとしても、ラポニア人[2]やグリーンランド人たちが人間の平均身長よりもはるかに低いことは知られている。［……］全員が四足獣のようなしっぽを持っている民族があると主張する人もあるくらいだ〉。ある者たちは〈髪が長く、ほかの者たちは縮れた髪の毛をしている。ある者たちはほとんど毛だらけであり、ほかの者たちはあごひげもない〉。ならばどうして、ポンゴがわれわれと同じ種に属することを、その「自然の原始状態」であることを、否定するのだろうか。

〈これらのいわゆる怪物たちの描写には、人類との驚くべき一致が見出され、その

2 北欧スカンディナヴィアの住民。

差異の方は、人間と人間のあいだに指摘できるものよりも小さいのである〉。よく彼らを見てみるだけでいい！　〈コンゴからオランダに運ばれ、オラニエ公フレデリク・ヘンドリクに献上された〉あのオランウータンのことを覚えているだろうか。〈酒が飲みたくなると、彼は片手で壺のふたを取り、もう一方の手で底を支えるのだった。それから優美なしぐさで唇をぬぐうのである。眠るときには横になり、頭を枕に乗せて、実に器用に身を覆うので、まるで人間がベッドに寝ているかと思うほどだった〉。

そしてまた、〈黒人たちがいなくなると、その焚いた火のまわりに集まってきて、火が消えると自分たちもいなくなる〉あのポンゴたちはどうだろう。思慮に欠ける観察者たちは、〈彼らは非常に器用なのだが、木を足して火を燃やし続けるだけの知恵がないのだ〉という。しかし考えてみるがよい！　実に奇妙なことではないだろうか。〈その抜け目なさと力が誉めそやされるポンゴたち、死んだ仲間を埋葬し、木の枝で屋根をつくることも知っているポンゴたちが、燃えさしの薪を火につっこむことも知らないとは！〉。

〈われらが旅行家たちは、古代人がサテュロス、ファウヌス、シルヴァヌスという名のもとに神としたその同じ存在を、ポンゴ、マンドリル、オランウータンという名で、無遠慮にもけものとしている。おそらく、さらに正確な研究をすれば、彼らが人間であることがわかるだろう〉。

確かに、ルソーが結論付けているように、旅行記が信用するに足りないということは事実である。それらは「船乗り、商人、兵士、宣教師」たちによって書かれており、彼らは科学的正確さとは違う尺度を持っているからである。惜しむらくは、哲学者たちがかくも出不精であるということだ！〈たとえば、モンテスキュー[3]、ビュフォン[4]、ディドロ[5]、デュクロ[6]、ダランベール[7]、コンディヤック[8]、あるいはそのような資質の人たちが、彼らの同国人たちを教育するために旅行したとしたら〉、われわれは、〈マラバール[9]、ムガール[10]、ガンジス川の両岸、シャム[11]、ペグー[12]、アヴァ[13]、中国、そしてとりわけ日本〉について、あらゆることを知ることができるだろう。そして〈そのような観察者たちが、ある動物についてそれは人間だと断言し、また別の動物についてそれはけものだと断言するときには、彼らを信じなければならないであろう〉。



3 本書一一五頁脚注参照。
4 本書八〇頁脚注参照。
5 本書八一頁脚注参照。
6 Charles Pinot Duclos（1704-72）フランスの作家・モラリスト。小説『リュッツ男爵夫人の物語』（一七四一）、『当世風俗論』（一七五一）など。
7 本書八〇頁脚注参照。
8 Etienne Bonnot de Condillac（1715-80）フランス啓蒙期の哲学者。百科全書派の一人で感覚論の代表者。『感覚論』（一七五四）で感覚一元論を説く。
9 インド西海岸に面する地方。
10 一五二六年、インドにバーブルが建国したイスラム教国。
11 タイ。
12 ミャンマーの古都。ヤンゴンの北東。
13 ミャンマーの古都。イラワジ川流域、マンダレーの南。

# ショーペンハウアーのプードル

彼が一番嫌っていた人物は、ヘーゲル[1]だった。当時の哲学界の巨星だが、彼の目には、ただの「山師」、「愚にもつかぬことを書き散らすへぼ物書きでちょっと知能的な誹謗中傷者」としか映らなかった。彼はヘーゲルをその地位から追い落としたいと願っていて、ベルリン大学の教授に任命されると、この不倶戴天の敵とまったく同じ時間に講義を開いた。しかし彼の教室には十人に満たない学生しか集まらず、ヘーゲルの方は、満員の階段教室で講じているのだった。実のところ、アルトゥール・ショーペンハウアー（一七八八年ダンツィヒ生まれ、一八六〇年フランクフルトアムマイン没）は、あらゆる人を嫌っていたのだ。男も女も子供も、自分の父親（富裕な仲買人で、彼が商売の道に入ることを強く望んでいた）も、自分の母親（小説家でゲーテの友人だったが、

**Arthur Schopenhauer**
（1788-1860）
ショーペンハウアーは、ドイツの哲学者。世界の根源は、盲目的な「生への意志」であり、したがって、そこから生じる「表象としての世界」も、何ら目的も意味ももたない苦しみの世界にすぎないとした。この意志から逃れる救済の手段としては、芸術と、禁欲による意志の消滅（涅槃など）をめざす宗教が示されている。

この母と彼は一八一四年に仲違いし、以後二度と会っていない）も、とにかく誰も彼も《トゥッティ・クワンティ》。唯一動物だけがその嫌悪から免れていた。

彼は、ある無意識の物いわぬダイナミズム、すなわち〝生きんとする意志〟が、すべての物事を動かし、われわれが自由に決めていると信じているあらゆる行為を命令しているのだと言う。そしてそのペシミズムの底には次のような考えが横たわっていた。すなわち、意志は、この全世界がそうであるように、深い「苦しみ」であると。なぜなら、それはいかなる目的も持たず、いずれもただ幻想でしかない何千もの形で現れ出てくるだけだからである。

彼は世界を、その中で誰もが悪魔であると同時に呪われた者であるようなそんな地獄だと考え、人生とは退屈から苦しみへ、苦しみから退屈へと揺れ動く振り子のようなものだと考えていた。さらに人類を、美的観点から言えば一種のカリカチュアの集まりのようなものであり、知識という点から言えば白痴の集団であり、道徳的に見れば悪人どもの連合体だとみなしていた。彼によれば、三つのことを知っておくべきだという。苦しみと、苦しみの諸原因、そしてそこから抜け出すための道である。その道を彼は芸術と美的鑑賞、同情の倫理、そして哲学の中に見出していた。哲学とは、彼によれば、仏教の涅槃《ニルヴァーナ》にも比すべき、禁欲的苦行の実践であり、それが欲望と〈生きんとする意志〉の否定を可能にしてくれるのである。

彼の思想は、もっとも偉大な思想家たちのそれに並ぶものであるが、その価値を最

『充足理由率の四つの根について』（一八一三）、『意志と表象としての世界』（一八一九）など。

**1** 本書八八頁脚注参照。

初に認めたのはニーチェ[2]である。『意志と表象としての世界』は、出版当時まったく無視された。ショーペンハウアーは、その人生の最後になってしか栄光を知ることはなかった。人生、それを彼は、失望からくるノイローゼや、フラストレーションからくる幻想から、たいていの場合、歯でもって引きちぎって自分のものとしたのであった。

喜びは動物たちからしか、そしてカント[3]の著作（「哲学においてこの二千年来生み出されたもっとも重要な著作」と彼は言っている）や、ヴェーダ文学、ウパニシャッドを読むことからしか、やってこなかった。彼の書斎には、ブッダの像がひとつ置いてあった。

「人のいるところにやってくるごとに、私はますます人間らしくなくなっていく」と彼はよく冗談で言っていた。しかし、伝えられているところによれば、彼は一八五四年にフランクフルトの縁日で、初めて若いオランウータンを見てからというもの、ほとんど毎日そこに通うようになったという。動物たちから、人間は哀れみの情をではなく、むしろ公正さを学ぶことができるのだと彼は言い、そんな動物を痛めつけることは、彼には耐え難いのだった。

〈何という喜びだろう！　どんな動物であれ、彼らが自由にその仕事に打ち込んでいるのを見ることは。自分のえさに没頭したり、子供の世話をしたり、同じ種の仲間たちと交流したりしているのを見ることは。そうしながら彼らは絶対的に自分がそう

[2] 本書一一九頁脚注参照。

[3] 本書八三頁脚注参照。

であるところのもの、ありうべきところのものにとどまり続けているのだ！［……］動物を見ることがこれほどまで私たちを魅惑するとしたら、それは何と言っても、私たちが自分の目の前に、かくも単純化された私たち自身の存在を見ることに満足を味わっているからに違いない〉。

彼の生涯の恋人、それは白いプードルだった。ある者たちはあざけってその犬を「小ショーペンハウアー」と呼んでいた。ショーペンハウアーはいつもこの犬のことを、自分を励ましてくれるものだと語り、インド人たちがもっとも偉大な人たちにつける「アトマ」[4]という名前をこの犬に与えていた。

遺言で、彼はかなりの額を一八四八年の民衆の反乱を抑えた兵士たちの遺族に残すように、また別のかなりの額をアトマに遺贈するよう指示している。たぶんこれは本当ではないだろうし、それにどっちにせよアトマは彼よりも早く死んでしまう。アルトゥール・ショーペンハウアーはそのとき恐ろしい鬱状態に陥り、また別のペットを買い求めなければならなくなった。どんな哲学者や学者たちとの議論よりも、と彼は友人に書き送っている、〈私は断固として、自分のまだ十七ヵ月にしかならない小さいプードルと差し向かいで交わす対話の方を好む〉と。

4 Atma（âme du monde〔世界の魂〕の意）

# ソクラテスのシビレエイ

ソクラテスはきれいではなかった。不細工な顔をしていて、鼻はぺっちゃんこだし、「目玉は飛び出して」いて、着るものにも気をつかわず、裸足で歩いていた。クセノフォン[1]は彼をサテュロス[2]に見立てている。だが、プラトン[3]の『饗宴』の中で、登場人物の一人、アルキビアデス[4]——ソクラテスのお気に入り——が、彼のことを、音楽で人間たちを魅了したあのサテュロスのマルシュアス[5]に似ていると言っているのは、ソクラテスが、美を、その内面に持っていたからなのである。ソクラテスは「彫像屋の店先によく置かれているあのシレノス[6]と同じようなもの」、つまり、ちょうどロシアのマトリョーシカのように真ん中が開いていて、その中に「神々の小像」が入っているあのテラコッタの置物と同じようなものだと言う。

**Sokrates**
(470-399 BC)
ソクラテスは、ギリシアの哲学者だが、一冊も本を書かなかった。僭主政治に対する容赦のない批判者として自分をソフィストに対置し、「何も知らない者」と自称したからである。その代わり、アテナイの若者たちに問いかけ（「イロニー」）、彼らの魂の目覚めを導こうとした——「産婆術」。こうして伝統を揺り

ソクラテスの態度は人を不快にさせるものだった。普通の人がこだわる、権力や富といったあらゆるものを蔑み、馬鹿にして、誰も彼もを冷やかした。しかし、ひとたび彼が自分自身を〝開いた〟とき、その魂の中には、知性と徳という宝しか見えないのであった。

それでもソクラテスが少しばかり人をいらつかせたことは確かである。町をさまよい、広場《アゴラ》や体育場《ギムナジウム》や市場などで、通りすがりの人を呼び止めては質問攻めにした。真理について、善について、聖性について、勇気について、あるいは不正について。礼儀正しく良識もあり、自分が何を知っているかについては自信があった人たちも、さすがにその弁論術の威力に屈し、すっかり混乱して途方にくれ、何一つ確信が持てないということだけを確信して、そこをあとにする始末だった。

ソクラテスが操っていたのは産婆術、すなわち子供を出産させる術だった。彼の母は産婆で、人の分娩を助けるのだが、彼は対話相手たちが、その魂の中に持っている真理を分娩するのを手助けしようとしたのだ。しかし結局、それは不幸な事態を招く。ソクラテスは祖国の神々を敬わず、若者たちを迷わせているというかどで告発されてしまうのである。

裁判官たちの前で、彼は自分を一匹の虻《あぶ》に、そう、ご存知の通り実にいらつくあの虫になぞらえている。〈もしあなたたちが、投票によって私を死刑に処すなら、あなたたちは私のような別の男を、簡単には見つけられないでしょう。一言で言えば——



動かしつつ、死の恐怖を乗り越え、キリスト教受容の可能性を準備したとして、ヘーゲルによれば、ソクラテスは「人間性の英雄」である。

**1** Xenophōn（ca.427-355 BC）ギリシアの軍人・歴史家。ソクラテスの弟子。ペルシアの内乱に加わり、指導者となって一万人のギリシア軍の退却を成功させた自らの功績を描いた『アナバシス』が有名。その文体は古典期ギリシア散文の典範とされる。

**2** ギリシア神話の半人半獣の好色な森の精霊。動物の耳と角を持ち、下半身は馬または山羊の形をして、ふさふさした尾が生え、巨大な男根を絶えず勃起させた姿で表される。

**3** 本書一二七頁脚注参照。

**4** Alkibiadēs（ca.450-404 BC）ギリシアの政治家・将軍。ソクラテスの弟子。才知と美貌、人間的魅力に富み、政治的・軍事的能力も優れていた

これは滑稽に見えるのを覚悟で言うのですが――、私は、神によってこの国都《ポリス》に結び付けられた者なのです。それはちょうど大きくて血統のよい馬の腹に一匹の虻がくっついているようなものであって、ただこの馬は、まさにその図体の大きさのゆえに、少々ぼんやりしていて、この虫によって目を覚まさせておいてもらう必要があるのです。まさにそういう仕事を私にさせるために、神は私をあなた方の国都に付着させたのではないかという気が、私にはするのです。私は、日がな一日、この虻のように、あなたたち一人一人に対して、その目を覚まさせ、助言し、いさめることをやめない者なのです〉。だが裁判所にしてみれば、まどろんでいるところを虻に刺されて起こされたのだとすれば、なおのこと慈悲の心など持つはずもないだろう。判決は死刑であった。

プラトンは、『メノン』の中でソクラテスを、同じくらい魅力的な別の動物と比較している。トルペド類、すなわちシビレエイである。これはひし形をした不思議な生き物で、「電気魚」の類と同一視されている。強い放電を行う器官によって身を守ったり、攻撃したりするのである。シビレエイは、壷の絵柄としてよく描かれており、ギリシア人たちはその肉を好んで食べていた。また、簡単な「電気ショック」を与えるために使われることさえあり、そうすれば通風や頭痛が治ると思われていたのである。プラトンの対話の中では、アテナイを訪れたテッタリアの若き貴族メノンが、ソクラテスをシビレエイにたとえている。

とされるが、ペロポネソス戦争で故国を敗北に導く原因をつくったほか、さまざまな政治的・軍事的工作を画策しては、失敗するとまた無節操に立ち回り、偶像破壊の罪で涜神罪を言い渡され亡命するなど、評判はあまりよくない。アルキビアデスの行動によってソクラテスの裁判が不利に作用したと言われている。

**5** ギリシア神話の老いた半獣神で、サテュロスの一人。笛の名手で、アポロンと音楽の腕を競ったが敗れた。

**6** サテュロスと同じ、快楽を好んで野獣のように振る舞うという山野の精霊。古い時代には、サテュロスとシレノスはよく混同され、前注マルシュアスはシレノスだとされることもある。時代が下ると区別されるようになり、シレノスは老人で馬の特徴を持ち、サテュロスは若く山羊の特徴を持つとされるようになった。

哀れなメノンは、ソクラテスにこう尋ねられて、痙攣したように動かなくなってしまったのだった。すなわち〈徳とは何か〉〈どうすれば徳のある者になれるのか〉〈徳は教えたり、教えられたりできるものか〉。メノンは答えることができず、あるパラドックスの中に逃げ込む。人にとって、自分が知っていることを探し求めることも、自分が知らないことを探し求めることも可能ではない。なぜなら、自分が知っているものなら、彼はそれを知っているのだから、探そうとしないであろうし、自分が知らないものは、探すべきであるとさえわかっていないのだから、なおのこと探そうとしないであろうと。そこで、彼はいらだつのである。〈あなたは私に魔法をかけ、毒薬をふくませているのです。単純なことですよ。私はあなたの魔術のとりこにさせられてしまっているのです。そうして私はすっかり行き詰まって途方にくれているというわけなのです！　それに、少し冷やかし半分で言わせてもらえれば、あなたは、その外見によってもそれ以外の点によっても、まったくと言っていいほど、海にいるあの平べったいシビレエイにそっくりだという気がしますよ。ご存知の通り、あのシビレエイも、近づいて触れる者を誰でも麻痺状態に陥らせてしまうのです！　しかるに、あなたは今、私をまさにそういう状態に陥らせたのだと思われるのです。なにしろ私は、魂も口も文字通りしびれてしまって、何をこたえてよいのやら、さっぱりわからないのですから〉。

しかしソクラテスは、むろん、見事な答えを返してみせる。〈もしそのシビレエイが、自分自身そういう麻痺状態にあって、ほかの者もそういう状態にするというのなら、確かにぼくはシビレエイに似ているだろうね。だがもしそうでなければ、似てはいないよ。というのも、ぼくは、自分では困難からの抜け道を知っていながら、他人を行き詰まらせるというのではないからだ。その反対に、道を見失っているのは、まず誰よりもぼく自身であり、そのためにひいては、他人をも困難に行き詰まらせる結果になってしまうのだよ〉。

# 聖トマス・アクィナスの牛

「トマス、早く来いよ。牛《うし》が窓の外を飛んでるよ！」。すると、人が嘘をつくことができるなどとは露ほども考えない実直なトマスは、馬鹿正直にも見にやって来るのだった。そして級友たちのからかいや嘲笑を浴びるのだ。食事の最中でさえ、ずっと物思いにふけっているので、誰かが料理の皿を取り替えてもまったく気がつかないほどだった。トマスは巨体の持ち主で、歩くのもゆっくりとしていたので、説教修道会士たちはみな彼を「物言わぬ牛」と呼んだ。あるいは、ケルンでは「シチリアの偉大なる沈黙の牛」と呼ばれた。といっても、彼の生まれはラティウムの南にあるロッカセッカだったのだが。彼の師だったアルベルトゥス・マグヌス[1]は、だが、気をつけろと皆に呼びかけていた。〈私たちが「物言わぬ牛」と呼んでいるあの者は、やが

**Thomas Aquinas**
(ca.1225-74)
聖トマス・アクィナスは、イタリアのドミニコ修道会士で、カトリック教会でもっとも偉大な神学者、盛期スコラ学で最大の哲学者と見なされている。パリ大学神学部で最初に教えた後——後年、もう一度、パリ大学で教えている——、ローマに戻って教皇庁でアリストテレスの哲学を研究し、キリスト教の信仰と調和させ

て世界中が耳を傾けるほど強く鳴くことになるだろう！〉。

トマス・アクィナスは、一三二三年に、ヨハネ二十二世によって聖人に列せられ、またピウス五世によって（一五六七年）「教会博士」の位を授けられることになる。全時代を通じてもっとも偉大な哲学者にして神学者のひとりであり、ともかくカトリシズムの世界においてはもっとも輝かしい光であることは間違いない。中には、彼の思想は、その実質においてとは言わないまでも、少なくともその表現豊かな様式において、福音書にも優ると言う者さえいるほどだ。

ランドルフォ・ダクィノ伯爵の息子であり、ノルマン系の母を持つトマスは、モンテカシノとナポリで最初の学業を修め、それから、家族の反対を押し切って——家族は彼を信仰の道から逸らすためにあらゆる手をつくし、あまつさえ、身持ちの悪いある女との仲を取り持ってやって、彼を〝放蕩させ〟ようとまでしたのだった——ドミニコ修道会に入信し、アルベルトゥス・マグヌスの教えを受けて、ドイツとフランスで神学を学ぶ。一二六〇年までパリで教鞭を執り、それからボローニャ、ナポリ、ローマへと戻り、教皇庁で教授と著作に専念する。一二七四年三月七日、フォッサノーヴァのシトー会修道院で死去。そのとき彼はグレゴリウス十世からの命を受けて、リヨン公会議に向かおうとしていたところだった。その牛のような巨体を棺桶に収めるために、それを〝やわらかくする〟いくつかの処置を施さねばならなかったという。

〈もし私たちがさまざまな信仰上の問題を、ただ権威に盲目的に従うことによって

ようとした。その成果が『神学大全』（一二六六―七三）である。「知られること」と「信じられること」との間に調和の可能性を認め、哲学的考察で矛盾に陥るならば、信仰に立ち戻るよう命じた。

**1** 本書一八頁脚注参照。

解決するならば、確かに真理は手にすることになるかもしれないが、頭は空っぽのまだろう〉と彼は書いている。実際、トマスの強みは、信仰と理性のあいだで、神学と哲学のあいだで、どちらも選ばないでいることにあったのであり、聖書の教えとギリシア＝アラブの伝統を和解させることにあったのだ。哲学と神学は同じものについて——神、人間、世界について——語っている。だがもし哲学が、神、人間、世界について、そして永遠の救済について、あの「聖なる教え《サクラ・ドクトリナ》」、つまり神学が何を語っているかをしっかりと組み込まなければ、哲学は不完全で部分的な認識にとどまってしまうだろう。

「天使的博士」[2]は、どこまでも柔和で優しい。だが、トミズムが十六世紀にローマ教会の正式な教義となる前に、すでに彼の書いたものは十分な権威を持っており、教義上の「ライン」を定めるものとみなされていたのだった。ただし、いくつかの点において、とりわけその自然の動物についての考え方において、彼の著述はたいへん遺憾なものであると言わなければならない。この「物言わぬ牛」が、牛たちについてどんなことを考えていたか、それを知ったら牛たちも嘆かずにはいられまい。

実際、『神学大全』の中で、この聖人は、動物たちの使命は知的被造物である人間たちの道具となることだと主張しているのである。なんとなれば、生き物のヒエラルキーにおいて、もっとも完全さから遠い生き物たちは、それよりももっと完全に近い生き物のために作られているのだからである。なるほど、彼は『対異教徒大全』の中

2 Doctor angelicus　トマス・アクィナスの異称。

で、聖書を引きながら、〈たとえば鳥たちを小鳥もろとも殺してしまうといった、動物に対して残酷な仕打ちをすることは禁じられている〉と繰り返し説き、それは動物に対して残酷な者は〈人間に対してもそうなる恐れがあるからである〉と言ってはいる。しかしこの禁止を守るのは、動物の生命に対する義務からではないのだ。動物を殺すことはよくない、なぜならそれは、〈動物を殺す者自身や、誰かほかの者に対して、損害を引き起こすことがあるからである〉。

〈神の摂理により、ものごとの自然の秩序に従って、動物は人間の使用に供せられている。それゆえ、いかなる損害もない場合には、人間は動物を利用してよい。殺してもよいし、またまったく別の用途に用いてもよい〉(『対異教徒大全』III、CXII)。しかし人間を殺すことが、神に対する侮辱であるのと同様に、奴隷を殺すことは、その主人に対する侮辱であり、牛を殺すことは、牛飼いに対する侮辱になるというわけなのである。

# ゼノンの亀

まず初めに、混同しないように注意しよう。ゼノンは、オリエントのローマ皇帝[1]ではない。タルソスのゼノン[2]でもないし、シドンのゼノン[3]でもない。キプロスの、あるいはキティオンのと呼ばれる、ここで取り上げようとしているゼノンと同じくらい有名なストア学派の創始者であるゼノン[4]でもない。ここで取り上げようとしているゼノンとは、かかとに翼の生えた俊足アキレスに哀れな亀《かめ》を追わせたゼノン、すなわちエレ《エレ》アのゼノンである。エレ《エレ》アのゼノンは、あの偉大なパルメニデス[5]の弟子というか、お稚児というか、養子というか、要するにその三つのすべてであるが、そのパルメニデスもまた、エレア（ウェリアともいう）の人であって、それはパエストゥム[6]の南、カンパニア州[7]の沿岸に建設されたフォキス[8]の植民都市であった。

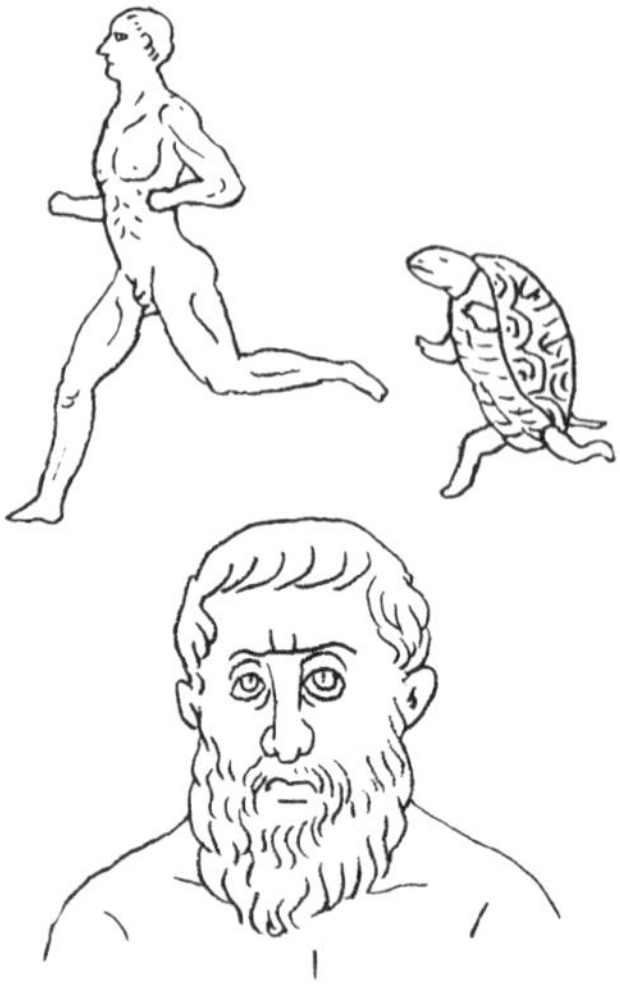

**Zénon**
(ca.495-435 BC)
ゼノンは、前五〇〇から前四九〇までの間にエレア（南イタリア）で生まれたギリシアの哲学者である。運動の実在性を否定するパルメニデスの弟子としてエレア派に帰属し、運動が幻想であって矛盾を孕むことを証明しようとした。その大きな衝撃は「運動のパラドックス」という形で轟きわたり、数多の哲学者、数学

その生涯については、大したことは知られていない。「第七十九回オリンピックの頃に四十歳であった」とディオゲネス・ラエルティオス[9]は伝えているから、おそらく紀元前五〇〇年から四九〇年頃のあいだに生まれたのであろう。プラトン[10]によれば、「立派な体格を持つ美男子であった」という。政治にも携わり、あるシチリアの僭主（ネアルコスまたはデメトリオス）に対して陰謀を企てて失敗し、おそらく暗殺されたと見られている。ただし、この僭主に対して、ゼノンは少なくとも「その立派な歯で耳を噛みちぎった」あるいは「鼻をもぎとった」らしい。

アリストテレス[11]によれば、ゼノンは弁証法の発明者であり（ここでいう弁証法とは、論敵によって認められたいくつかの前提から出発し、到底容認しがたい結論を導き出してみせる議論のテクニックのことである）、「帰謬法」の発明者である。ゼノンは、「存在は一にして不動のものである」という説を唱えるパルメニデスを弁護するために、運動と多数性に対してその有名な「パラドックス」、あるいは誤謬推理の数々を練り上げたのだった。

まずは運動が存在するということを、あっさりと認めよう。その場合、ある地点Ａから出発し、ある地点Ｂに到達することは可能であるように見える。しかし、地点Ａと地点Ｂのあいだには、当然その中間地点Ｃがある。したがってまず、ＡからＣへ行くことになる。だがＡとＣのあいだには、やはりその中間地点Ｄがある。そこでまずはＡからＤへ行かなければならない。ＡとＤのあいだにはＥがあり、ＡとＥのあいだ

者たちの挑戦を受けて立ってきたのであり、こうして、無限に関する理解の深化に貢献し、空間・時間論に多大な影響を与えてきた。

**1** ラテン名ゼノ Zeno と名乗ったビザンチン（東ローマ帝国）皇帝タラシコディッサ（在位四七四―四七五、四七六―四九一）。ゼノンは英語では Zeno で、同綴りになる。

**2** Zénon de Tarse, Zeno of Tarsus (ca.150-79 BC) ギリシアのストア派の哲学者、生没年未詳。

**3** Zénon de Sidon, Zeno of Sidon (ca.150-79 BC) ギリシアのエピクロス派の哲学者。キケロは彼の聴講者の一人。

**4** Zénon de Citium, de Kition, Zeno of Citium（ca.334-262 BC）ギリシアの哲学者。ストアのゼノン（Zeno the Stoic）とも呼ばれる。

**5** Parmenidēs（ca.515-? BC）ギリシアの哲学者。エレア派の代表。

にはFがあり……、以下同様。かの地点Bにたどり着くためには、こうして無数にあるその中間地点を踏破していかねばならない。つまり絶対にたどり着かないのだ。なぜなら、中間地点までの距離はどんどん短くなっていくとしても、必ずある「広がり」を、それがどんなに微小なものであっても、持ち続けるからだ。運動が存在するという当初の仮説は、それゆえ誤っていたことになる。

そこで、足ののろい亀が、怖いもの知らずのスプリンター、アキレスとの競走（AからZまで）に勝つチャンスも生まれることになる。「人間界でもっとも足の速い」アキレスは、亀にすこしハンデをつけてやる。自分はAから出発するが、亀はたとえばそれより前方のGから出発することにする。アキレスはすぐにGに到達する。しかしその頃亀は、えっちらおっちらG1の地点にいる。アキレスがG1にやってきたとき、亀はG2にいる。アキレスがG2に到達すると、亀はG3にいて……、以下同様。

空間を無限に分割することができるとするこの「無限後退」に従えば、アキレスは決して亀を追い抜くことはできない。もし十分の一秒後に最初の地点に到達し、百分の一秒後には二番目の地点に、千分の一秒後には三番目の地点に到達しているとするなら、その差は決してゼロにはならない。計算式は0.1 + 0.01 + 0.001 + 0.0001… = 0.1111…となる。数学の才能のある亀なら、無限を要素に含む足し算の答えは有限数になることを知っているかもしれない。だが亀は何もいわず、ただ勝利を味わうのみである。

**6** 南イタリアのルカニア沿岸にあった古代ギリシアの植民都市。

**7** イタリア南西部の州。州都ナポリ。

**8** 古代のギリシア中部の一地方。コリント湾の北岸でパルナッソス山などがある山岳地帯。

**9** 本書六五頁脚注参照。

**10** 本書一二七頁脚注参照。

**11** 本書一二三頁脚注参照。

**12** 本書三八頁脚注参照。

**13** Bertrand Arthur William Russell（1872-1970）イギリスの論理学者・哲学者・評論家。数学は論理学に還元できるとする「論理主義」を主張して『数学の原理』（一九〇三）、『プリンキピア・マテマティカ』（三巻、一九一〇―一三、数学者・哲学者ホワイトヘッドとの共著）を著す。さらに、「論理主義」の遂行のために完成させた記号論理学を用いて哲学の諸問題にあたり、現代の「分析哲学」の

とはいえ、すでにアリストテレスによって反駁された「ゼノンのパラドックス」について、人はその後も長いあいだ語り続けるのをやめない。ベルクソン[12]やバートランド・ラッセル[13]、近代の論理学者や物理学者まで。となるとやはり、ディオゲネスが引くティモン[14]の言葉もうなずけるということになるだろう。〈矛盾する言葉を吐く人間の力《ちから》恐るべし。あらゆるものを破壊するゼノンは[……]、一見したところ馬鹿な駄弁ばかりを弄しているように見える。だが実は、そうではない〉。

基盤を独力で築いた。ウィトゲンシュタインを世に送り出し、一般向けの『哲学入門』（一九一二）、『西洋哲学史』（一九四五）、あるいは人生論なども著した。反戦運動家としても知られる。一九五〇年ノーベル文学賞受賞。

**14** Timon（ca.320-230 BC）古代ギリシアの哲学者。古懐疑学派のピュロンの弟子。嘲笑詩『やぶにらみ』で、クセノファネスを除く多学派の哲学およびホメロスやヘシオドスを揶揄した。

# 荘子の蝶

荘子が濮水《ぼくすい》でのんびりと釣りをしていると、楚の国の王から使わされた大夫が二人やってきて、おおよそ次のような言葉を述べた。〈わが国の王はあなたを高官として宮中にお招きし、大臣になっていただいて、国中の政治のことをすべてお任せしたいと申しています〉。荘子は振り向きもせずにこう答えた。〈聞けば、楚の国には神聖な亀がいて、死んでから三千年も経つとか。王さまはそれを包んで箱に収め、丁重に霊廟で保管されているそうな。この亀は、死んでその甲羅をとどめ、いつまでも永遠に崇拝の対象とされることを望むでしょうか、それとも、生きてそのしっぽを泥の中に引きずりながら遊ぶことを望むでしょうか〉。〈そりゃあ生きてしっぽを泥の中に引きずりながら遊ぶことを望むでしょう〉と二人の大夫は認めた。〈ならば、さあ、王さ

**Zhuangzi**
(ca.370-300 BC)
荘子（荘周）は、中国、戦国時代の宋の思想家。世界は価値も、意味も、秩序も、目的ももたず、全ては理由もなく生じ、存在し、消滅するという点で同じであるという「万物斉同」の考えを説いた。世界の一切が混沌であることを肯定するとき、夢と現実とはもはや区別されず、両者を共に肯定する「胡蝶の夢」のよ

まのところにお帰りなさい〉と荘子は答えた。〈私もまた、ここでこうしてしっぽを泥の中につけている方がいいのです〉[1]。

荘子は、その本名、いわゆる「個人の名」をとって周と呼ばれたり、あるいは姓と合わせて荘周と呼ばれたりすることもあるが、偉大な師であることに敬意を表す意味で、ふつうは、荘子（子は尊称）の名で知られている。もうひとりの「道教の父」老子[2]ほどには有名ではないが、おそらく紀元前四世紀頃、だいたい前三五〇年から前二八〇年ぐらいのあいだに生き、諸侯の争いによって分裂していた戦国時代の中国の中央にあった宋の国の人だったらしい。小国である宋の民と言えば、ちょうどアテナイ人たちの目から見たボイオティア人たちのようなもので、しばしば嘲りの対象になり、間抜け扱いされていた。荘子の生涯は貧しく、享楽とは無縁だった。〈つぎはぎだらけの服をまとい、ぼろぼろの靴を履いた〉荘周は、漆の樹木園で働いたあと、一切を投げ捨てて、「道《タオ》」と調和しながら生き、書くことに身を捧げた。名誉や権力を何一つ求めようとせず、政治の要職に就くことを拒否した。孔子[3]の弟子たちから見れば、イカレた人だった。

荘子の著作は、その名のまま『荘子』という題で呼ばれている。その断片のいくつかは、弟子たちによって書かれたのではないかとも言われていて、定かではないが、しかし『荘子』は、インドのウパニシャッドや、西洋のソクラテス以前の文献にも比すべき、中国の哲学的思想におけるもっとも豊かな宝であることに変わりはなく、あ

うな考えが生じる。『荘子』は内篇七、外篇一五、雑篇一一に区分され、内篇が荘周のテクストに近いと考えられているが、異説もある。

1 『荘子』外篇秋水篇第十七の五。漢文による原文は多少違うが、ここでは原文の日本語訳を参照しながら、フランス語での語りをできるだけ生かした形で訳出した。

2 Laozi　生没年未詳。中国、春秋戦国時代の思想家で、周の王室の書庫の記録官だったとされるが、その実在自体を疑問視する説もある。逆説を多用した難解で神秘的な『老子』によって万物の根本としての「道」の思想を説いた。

3 Kongzi (552/1-479 BC)　中国、春秋時代の学者・思想家。儒教の祖。魯の国に仕えたが、権力者と衝突し、諸国を歴遊して諸侯に道徳的政治を説いたが用いられず、晩年は著述と教育とに専念する。

まりにも理性的な孔子に対して、道教のメタフィジカルで神秘的な広がりを示してくれる「聖典」となっている。

そこでは次のようなことが言われている。曰く、平穏であること、「自然」であることは、至高の徳である、曰く、精神の幸せは、俗世での自己の同一性や意味の幻想から離れることから生まれる、曰く、大事なのは運動であり、流れであり、そして生の無限の変転である、曰く、限界のない現実においては、いかなる尺度も適切ではなく、それというのも無限はあらゆる区別を消し去るからである、曰く、なにものもそれ自体としては大きくも小さくもなく、美しくも醜くもない、曰く、人は悪がなければ善を見ることができず、無秩序がなければ秩序を見ることができず、不運がなければ幸運を見ることができず、光がなければ影を見ることができず、夢がなければ現実を見ることができない。〈夢を見ているあいだ、私たちはそれが夢だということを知らない。夢の中でまた夢占いをしたりしているが、目が覚めて初めて夢だったと知る。大いなる目覚めがあってこそ、一生が大いなる夢だったとさとるのだ〉[4]。

ある日、荘子は自分が一匹の蝶《ちょう》になった夢を見る。〈ひらひらと舞う蝶の身に、気持ちよく満足しきって、自分が荘周であることも忘れていた。と突然目覚め、自分が荘周であることに気付いてすっかり仰天する。はて、これは荘周が夢で蝶になっていたのか、それとも蝶が夢で荘周になっていたのか、もう自分でもわからない〉[5]。

その弟子たちとの対話をまとめたものが『論語』である。古来の思想を大成し、仁を理想の徳とした。

**4**　『荘子』内篇斉物論篇第二の七。

**5**　『荘子』内篇斉物論篇第二の九。あまりといえばあまりに有名な一節。ここでもまた原文（漢文）とフランス語訳が多少違っているが、両者を見比べながら適宜処理した。なお、「すっかり仰天する」は、原文「蘧蘧然《きょきょぜん》」で、参照した日本語訳（『老子 荘子 世界古典文学全集第17巻』福永光司・興膳宏訳、筑摩書房、二〇〇四年）によれば「まぎれもなく」とか「確かに」といったふうに訳せることばらしいが、注釈で「一説に、驚くさまともいう」とあり、フランス語がその意味をとっていたので、それに従った。

# あとがき――ロベール・マッジョーリ

動物に魂（âme）はあるのだろうか。よくわからない。私のある女友達は自分の飼い猫について、その目の奥を眺めているとナイル川の源流を見ることができる、などと言っていたものだが。動物（animal）と名づけられたことが、そもそもそのためらいを物語っている[1]。果たして動物は、単に「動かされて（animé）」いるだけなのだろうか、開花するつぼみや木になる果実のように？　それともそれ自身のうちにあの「息吹」、あの霊魂《エスプリ》を所有しているのだろうか、人間が、自分だけにしか与えられていないと意識している――というのも人間はそこに自分が映っているのを見ることができるからだが――あの霊魂《エスプリ》を？　哲学者や神学者たちは昔からずっとそのことを自問してきた。少なくとも、野生の生き物（ferae）やけもの（bestiae）たちの中のあるも

1 animalの語源はラテン語animalis「呼吸している、生きている」。フランス語の魂âmeはもちろんanima「魂」と同義であり（animaの語源はsouffle息吹、つまり、やはり呼吸だ）、したがって動物は魂を持っているか、という問いは、animalはanimaを持っているか、と言っているようなもの。そこに語源上のある種のトートロジーがある。animalという呼び名にこだわ

のたちが、人間たちの住む住居や畑や水場の近くにやってきて、そこを住処と定めるようになった遠い季節以降は。

　動物の世界についての人間の思考は、確かに遠い時の暗闇の中に埋もれて見えなくなってしまっている。だから人間とけものたちとの最初の関係が、いわゆる「自然な」、つまり捕食者と獲物との関係であったと想像するのは自由である。人間は時に前者であり時に後者であったのだと。だがそれにしては、人間は自然からあまりにわずかなものしか与えられなかった。自然は、人間をかよわき、裸のものとして創造した。硬い外皮もなければ牙もなく、毛皮も角も翼も甲羅も触手もなく、ただ無限の欲求だけはあるのに、その欲求を満たすための手段としては、実に惨めなものしか持っていない。そのため、人間たちはごく早いうちから、動物たちを、自分たちにはない強さと力を持ったものとみなすようになったのである。人間たちは動物をモンスターとし、トーテムとし、また神ともした。人間が動物たちに抱く恐れや連想や尊敬の念について、また動物たちを対象とする聖なる崇拝、カルト的な信仰などについては、現実の動物であれ想像上の動物[1]であれ、神話や宗教の歴史や芸術の数々が、証言してくれている。

　地上では、農業と牧畜が動物たちの運命を決定づけた。彼らは労働とくびきと重荷と、それからムチで打たれることを宿命づけられた。動物は、その神聖さから神にささげる供物となり、またそのときから、人間の側よりはむしろ物や道具、器具に近い

るのは、そのあたりを踏まえてのことだろう。

位置におかれることになった。アリストテレス[2]はそのことを端的にこう言っている。〈植物は動物のために存在し、動物は人間のために存在する。家畜は、人間のために仕事をしたり、また食料となったりするためにあるのであり、野生の動物たちは、全部とは言わないまでも少なくとも大部分は、やはり人間の食料となったり、また別の場合には、衣服やその他の道具となるためにあるのである〉(2)。キケロ[3]もまた口をそろえる。〈動物たちは人間のために作られたのだ。たとえば馬は運ぶために、牛は耕すために、犬は狩りや見張りのために〔……〕。実際、雌羊が一体なんの役に立つというのだろう、人間たちにその羊毛の服を提供する以外に。〔……〕それに犬はどうだろう。彼らのあのたいへん忠実な見張り、主人に対するあのたいへん人懐こい愛撫、見知らぬものに対するあのたいへん激しい憎悪、においの元をたどるときのあの驚くべき嗅覚、狩りへのあの熱心さ、これらすべては一体何を意味するというのだろうか、彼らが人間の役に立つように作られているということのほかに。牛についても言う必要があるだろうか。その背中の形を見れば、荷を背負うために作られたのではないことがわかるが、しかしその首は、犂を引くことを運命づけられているではないか〔……〕。それに豚はどうだろう。あの体の肉をおいて、ほかにこの動物は何をわれわれに提供してくれるだろうか。クリュシッポス[4]は言っている。この動物が腐らないために、生命の息吹がこの動物に、いわば塩の役目を果たすように与えられたのであると。それに、自然がこれほど多産な動物をほかにまったく生み出さなかったのは、

2 本書二三頁脚注参照。

3 本書四七頁脚注参照。

4 Khrysippos（ca.280-206 BC）ギリシアの哲学者。ストア派第三代の学頭。

この生き物がまさに人間の食料になるためにつくられたからなのだ(3)〉。

動物が人間に奉仕するための存在であり、ちょうど鍛冶屋の手にある鉄床と槌のように、道具としての機能をひたすら果たすことこそが彼らの本性であるとする考えは、言うまでもなくいろいろな影響を及ぼした。思想史をひもとけば、多くの科学者や作家や宗教家たちが、動物に対して、ある種の憐れみや、同情、愛、友情などを表明している例がたくさん見つかる。ピュタゴラス[5]は、どうやら、屠殺や屠殺人を嫌悪していたらしい。彼は肉を食べなかっただけでなく――ダーウィン[6]やガリレオ[7]、ダ・ヴィンチ[8]にセネカ[9]、パスカル[10]、ヴォルテール[11]、ルソー[12]、アインシュタイン[13]、フロイト[14]もそうだった――、さらに肉屋や猟師に近づきさえしなかったらしい。そして、〈血にまみれた犠牲者たちを神々に供することを禁じ(4)〉ていたという。

デモクリトス[15]は動物たちに最高の賛辞を捧げる一方、逆に人間どもを馬鹿にしている。人間はどうしても動物たちの模倣者であるしかなく、ほとんどすべての分野で彼らの〈見習いにして弟子〉、〈織物や縫い物に関してはクモの、建築に関してはツバメの、音楽に関しては白鳥とナイチンゲールの(5)〉弟子でしかないと言うのである。ルクレティウス[16]は、祭壇で動物たちが喉を掻き切られるのを見て涙したし、ジョルダーノ・ブルーノ[17]は、『ペガサスのカバラ』(一五八五年)のある対話の中で、〈人間の魂と動物たちの魂とは、物質的に何か違いがあるのか〉と問い、セバストの口からこう答えさせている。〈人間の魂はその特殊的・一般的本質によって、ハエや海のカキや、

5 本書一三一頁脚注参照。

6 Charles Robert Darwin (1809-82) イギリスの博物学者。『種の起源』(一八五九)を著して生物進化の理論を確立した。

7 本書四四頁脚注参照。

8 Leonardo da Vinci (1452-1519) イタリア、ルネサンス期の画家・建築家・科学者。芸術と科学の合致を目指したルネサンスの万能の人。絵画作品として不朽の名作「最後の晩餐」や「モナリザ」を残したほか、解剖学、機械設計の研究者としても知られた。

9 Lucius Annaeus Seneca (ca.4 BC-65) ローマ後期のストア派の哲学者。皇帝ネロの師となるが、陰謀を疑われ自殺に追い込まれた。『人生の短さについて』(茂手木元蔵訳、岩波文庫、一九八〇)など。

植物や、その他すべての命あるものや魂あるもののそれと同じである〔……〕。となればもう理解できるだろう、多くの動物たちが人間よりもはるかに明晰な知性と精神を持ちうることもあるのだということを[6]。ほかにおそらくいくらでも、このように動物たちに対して尊敬の念や本物の愛情を表した哲学者の例を引くことができるだろう。とはいっても、やはり何世紀にもわたって、時代や「時節柄」などによって常に形は変えながらも、動物たちはずっと何もかも奪われたままだったのだ。魂はもちろん、ということは永遠の生命も、思考も、意識も、言語も、愛情も、感情も、さらには痛みを感じる能力さえ——「権利」もなかったことは言うに及ぶまい。大体、「動物の権利」という概念自体ごく最近になって現れたのだ——取り上げられたままであり、倫理的な配慮からは排除されたままだったのだ。そして、衆目の一致するところ、動物を人間よりもっとも遠いところへ置いたのは、デカルト[18]である。デカルトにとって、動物は機械であり、その「はたらき」は、あらゆる点から見て、たとえば柱時計のそれに比すべきものだったのだから。

　こうしてざっと振り返ってみるだけでも、哲学者たちと動物たちの関係の歴史が、ねじれたものであることを示すに十分だろうと思う。しかしながら、アリストテレスやアルベルトゥス・マグヌス[19]のように科学的な記述や分類を試みようとする場合でも、動物の本性《アニマリテ》について考察しようとする場合でも、哲学は決して、その独自の問題群、つまり存在論的、形而上学的、道徳的、神学的、法的、美的、等々の、その独自

**10** 本書一二三頁脚注参照。
**11** 本書一〇一頁脚注参照。
**12** 本書一三四頁脚注参照。
**13** Albert Einstein（1879-1955）ドイツの理論物理学者。ナチスに追われてアメリカに帰化。一般相対性理論によってその名は一般にもよく知られているが、ほかにも光量子説、ブラウン運動の理論など、物理学史上画期的な業績をいくつも挙げている。一九二一年ノーベル物理学賞受賞。
**14** 本書五三頁脚注参照。
**15** 本書九八頁脚注参照。
**16** 本書九五頁脚注参照。
**17** Giordano Bruno（1548-1600）後期ルネサンス期のイタリアの自然哲学者。神は宇宙に内在し、無限な広がりとしての宇宙、その動因としての宇宙霊であると説いた。異端として火刑に処せられた。『原因・原理・一者について』（加藤守通訳、東信堂、一九九八）。
**18** 本書六〇頁脚注参照。
**19** 本書一八頁脚注参照。

の問題群から遠ざかることはないのである。哲学が動物について語るとき——それは、古代から今日に至る赤い線のようだ——、やはり神について語り、善と悪について語り、正義について語り、自然について語り、世界内存在について語り、他者性について語り、考えるとは何を意味するのかについて語り、自己を表現するとは、望むとは、想像するとは、行動するとは、感動するとは、何を意味するのかについて語っているのである。

　多くの著作が、深い知恵と巧みな技でもって、古代ギリシア・ローマの文化や思想の中で、ヘブライの伝統の中で、そしてキリスト教神学の中で、順々に花開いてきた動物をめぐる諸概念を叙述し、それらが、文学や芸術、中世の動物説話集、寓話、さらには古典主義時代や啓蒙主義時代の哲学的理論化の中に、どのように現れているかを見事に描き出している。もちろん今日の「動物派」とでも呼べそうなイデオロギー(7)にいたるまで、である。いま仮に、その歴史を一言で総括してみるなら——もちろん何一つとして直線的なものなどなく、あらゆる「前衛」は、ジャンバッティスタ・ヴィーコ[20]が考えたように、後ろへの揺り戻しや停滞によってずたずたにされてしまうのだということは認めるとして——、少なくとも次のように言えるだろう。動物のイメージ、そして人間と動物との関係は、だんだんと「改善されてきた」のだと。最初、動物は人間に奉仕する道具や機械、あるいはなぶりものでしかなかった。長い間とにかく否定的なもの、あらゆる悪や残虐や粗暴さ——彼らが野獣《ベート》と呼ばれたりす

**20** Giambattista Vico（1668-1744）イタリアの歴史哲学者。人間社会のらせん的進歩および神話と想像力の重要性を説いた。『学問の方法』（上村忠男他訳、岩波文庫、一九八七）。

**21** Jeremy Bentham（1748-1832）イギリスの法学者・倫理学者・経済学者。功利主義の代表者で、「最大多数の最大幸福」の実現を説いた。

**22** Henry Stephens Salt（1851-1939）イギリスの作家。動物愛護のほか、刑務所や学校の改善など多くの社会改革を訴えた。その著書は「動物の権利」という言葉を初めて表題に用いたものと言われる。他に『森の生活』で知られるアメリカのナチュラリスト、ヘンリー・ソローの思想の紹介に努め、『ヘンリー・ソローの暮らし』（山口晃訳、風行社、二〇〇一）などの著書がある。

**23** Peter Singer（1946- ）オーストラリアの哲学者。生命倫理学が専門。モナッシュ大学

るのは故のないことではない――を引き受けさせられる受け皿だったのだ。それはまるで、自然界で特別な地位を勝ち取った人間が、神の「被造物」たる立場を返上し、自律的な主体という中心的な地位を占めて、自らの運命を――よきにつけ悪しきにつけ――自らが決める創造主となって、自分自身の尊厳を際立たせるために、動物の価値を貶め、その下劣さを強調する必要に迫られているかのようだった。今日では、一九七八年十月十五日にパリのユネスコ本部で布告された動物の権利の世界宣言が存在しており、その第一条はおおよそ、すべての動物は生命の名において平等であり、同等の生存権を有するとうたっている。だがすでに一七八九年、つまり数多くのほかの権利を要求する声が高まっていた時代に、イギリスの哲学者であり、法律家であり、政治家であったジェレミー・ベンサム[21]は、動物に対してそれまでとは違うまなざしを投げかけ、次のように述べている(8)。重要なことは、動物が考えたり話したりできるかどうかということではなく、彼らが痛みを感じることができるかどうかだ、と。同様の系譜に連なるヘンリー・ソルト[22]は、そのほぼ一世紀後、『動物の権利――社会的進歩との関係から考察して』（一八九二年）という本を出版し、「権利」という概念を動物にまで適用してみせたのだった。そしてついに一九七二年、オーストラリアのピーター・シンガー[23]が、『動物の解放(9)』によって――トム・リーガン[24]の『動物の権利の擁護論(10)』も一緒に挙げるべきだろう――、動物の権利という問題が現代の議論の中にはっきりと置かれることになるのである。「すべての動物は平等である」と彼は

教授を経てプリンストン大学教授。『動物の解放』（原注9参照）のほか『実践の倫理（新装版）』（山内友三郎他訳、昭和堂、一九九九）。

**24** Tom Regan（1938-）アメリカの哲学者。ノース・カロライナ州立大学教授。ピーター・シンガーと並び、現代の動物の権利擁護運動にもっとも大きな影響を与えた一人。

言う。彼が言いたいのは、人間という動物も野生のけものも同様に扱われるべきだというだけでなく、その苦しみも同じ価値を持つのであり、同じように考慮される権利があるということである。女が味わう苦しみも、男が味わう苦しみも、その年齢や、健康状態や、肌の色や、職業や、知性の程度や、収入や、そういったさまざまなことにかかわらず、人間が味わう苦しみであれ、動物が味わう苦しみであれ、すべて平等に考えられなければならないと彼は言うのだ。

『哲学者たちの動物園』は、これらの問題を直接あつかってはいない。この本の望みはもっとずっとささやかなものだ。ここにある三十六編の「入り口」は、言ってみれば一種の「静止画」、あるいはスナップ写真のようなものであり、ある哲学者がある特定の動物について語るワンシーンを、時には小さな寸劇《サイネーテ》[25]を、スケッチしたものにすぎない。時には偉大な思想家たちが愚かなことを言うこともあり、苦笑を禁じえないが、そうした考えが、場合によっては何世紀にもわたって探求を「ミスリード」してきたのだ。また時には、一羽の鳥だとか一匹の犬だとかダニだとかいったものについて語りながら、彼らはほんの数語で、比喩的に、他者との関係について、差異について、自由について、恥じらいについて、力について、宗教的信仰や悪について、数え切れないほどのコンセプトを駆使して哲学が示そうとしているその本質をずばりと言い当てることもある。

この連載記事のアイデアを思いついたのは、マチウ・ランドンである。彼は日刊紙



**25** サイネーテ　十七世紀末のスペインで劇の幕間に演じられた韻文の笑劇。社会風刺的要素を持つ内容だった。

**26** 本書八八頁脚注参照。ヘーゲルの著書『法哲学』（一八二〇）の中に、「ミネルヴァのフクロウは、迫り来る黄昏を待って初めて飛び始める」という有名な一節がある。

**27** 本書一五四頁脚注参照。

**28** Isidore de Sevilla（ca.560-636）スペインの聖職者。中世に広く使われた百科全書的書物『語源論』を著した。

**29** 中米に生息する大型トカゲ。セビレトカゲ。また、竜や蛇に似た伝説上の怪物。

**30** Theodor Wiesengrund Adorno（1903-1969）ドイツの哲学者・美学者・社会学者。フランクフルト学派の指導的思想家。『否定弁証法』（木田元他訳、作品社、一九九六）など。

**31** インドネシアのセレベス島などの森林に生息するイノシシ科の哺乳類。体長約一メートル。

リベラシオンの『夏休み特別企画』を練っていたところで、言ってみればある種の友情に満ちた挑戦を吹っかけるといった感じで、私にこれを書いてみるように提案してきたのだ。ここで私は彼に感謝の念を捧げたい。というのも、これこれの哲学者にこれこれの動物を結びつけるという難事業を何とか乗り越えてみると――その選択は大体において行き当たりばったりで、結局「ボツ」になった企画も多く、ほかに候補にあったのは、たとえばヘーゲル[26]のフクロウ、ラッセル[27]の七面鳥、セビリヤの聖イシドール[28]のバシリスク[29]、テオドール・アドルノ[30]のバビルサ[31]と小型カバ、聖アンブロシウス[32]のウツボ、ジョルダーノ・ブルーノのロバ、マンデヴィル[33]のハチ、ディドロ[34]のアリ、レオミュール[35]のスズメバチ、イブン・トゥファイル[36]のガゼル、ヒューム[37]の馬、ラ・メトリ[38]の猿、ロック[39]のオウム、レオパルディ[40]の雄鶏、クワイン[41]のウサギ、スピノザ[42]のクモ、さらにはウナムーノ[43]の折り紙の鳥なんてのまであった――とにかく、そういうわけでひとたびその困難を乗り越えてみると、この企画は俄然遊戯的で知的刺激に満ちたものだということがわかってきたのだ。ひたすら驚いたり、教えられたりすることばかりだった。このあとがきに先立つどこかの一ページやそのほかのページで、どうか読者もまたその喜びを分かち合ってほしい。動物の目を覗き込んだところで、そこに本当にナイル川の源流が見えるかどうかは定かではない。しかし、人間が彼らをけものと呼ぶことのうちには、常に自分の魂の中に隠されたものの何かしらの反映があるのだ。

32 本書二八頁脚注参照。

33 Bernard de Mandeville（1670-1733）オランダ生まれの英国の医師・風刺作家。The Fable of the Bees（一七一四）（『蜂の寓話』泉谷治訳、法政大学出版局、一九九一）が代表作。

34 本書八一頁脚注参照。

35 René-Antoine Ferchault de Réaumur（1683-1757）フランスの科学者。水の氷点を0度、沸点を80度とするいわゆるレ氏（列氏）目盛りの温度計を作製。動物学者としても昆虫・軟体動物・鳥類などを研究。

36 Ibn Ṭufayl（ca.1105-1185）スペインのイスラム系哲学者・医師。代表作の哲学小説『ハイイ・ブン・ヤクザーンの物語』は、アヴィセンナの同名の物語から人物名だけを借り、独自に発展させたもの。

37 本書八二頁脚注参照。

38 Julien Offroy de La Mettrie（1709-1751）フランスの哲学者・医学者。人間機械論で有名。

(1) Ariane et Christian Delacampagne, *Animaux étranges et fabuleux – Un bestiaire fantastique dans l'art*, Citadelles & Mazenod, Paris, 2003.

(2) Aristote, *Les Politiques*, traduction et édition de Pierre Pellerin, GF-Flammarion, Paris, 1990 (I, 8, 1256-b).〔邦訳：アリストテレス『政治学』山本光雄訳、岩波文庫、一九六一〕

(3) Cicéron, *La Nature des dieux*, traduit et commenté par Clara Auvray-Assayas, Les Belles Lettres, Paris, 2002 (II, XIV ; LXIII ; LXIV).〔邦訳：『キケロー選集11』岩波書店、二〇〇〇〕

(4) Diogène Laërce, *Vie, doctrines et sentences des philosophes illustres*, traduit et annoté par Robert Genaille, Ganier-Flammarion, Paris, 1965 (II, p.132).〔邦訳：ディオゲネス・ラエルティオス『ギリシア哲学者列伝』上・中・下、加来彰俊訳、岩波文庫、一九八四―九四〕

(5) Cf. *Les Présocratiques*, édition établie par Jean-Paul Dumont avec la collaboration de Daniel Delattre et Jean-Louis Poirier, Gallimard, « Bibliothèque de la Pléiade », Paris, 1988 (B, CLIV, p.883).

(6) Giordano Bruno, *Œuvre completes VI*, Les Belles Lettresm Paris, 1994 (Dialogue II, p.92-93).

(7) Elisabeth de Fontenay, *Le Silence des bêtes – La philosophie à l'épreuve de l'animalité*, Fayard, Paris, 1998 ; Armelle Le Bras-Chopard, *Le Zoo des philosophes*, Plon, Paris, 2000 : Georges Chapouthier, *Au bon vouloir de l'homme, l'animal*, Denoël, Paris, 1990 : Jean-Yves Goffi, *Le Philosophe et ses animaux – Du statut étique de l'animal, mon prochain*, Odile Jacob, Paris, 1997 ; Dominique Lestel, *L'Animalité – Essais sur le statut de l'humain*, Hatier, coll. « Optiques », Paris, 1996 ; Alberto Bondolfi, *L'Homme et l'Animal – Dimensions éthiques de leur relation*, Editions universitaires de Fribourg, Fribourg, 1995 ; Jean Gaillard Le Sarment, *Les Animaux, nos humbles frères*, Fayard, Paris, 1986 ; Boris Cyrulnik (sous la direction de), *Si les lions pouvaient parler – Essais sur la condition animale*, Gallimard, coll. « Quarto », Paris, 1998 ; Gino Ditadi, *I filosofi e gli animali*, Isonomia, Este-Padoue, 1994 ; Gilbert Romeyer Dherbey (sous la direction de), *L'Animal dans l'Antiquité*, édité par Barbara Cassin et Jean-Louis Labarrière, Vrin, Paris, 1997. Christian Roche et Jean-Jacques Barrière, *Le Bestiaire des philosophes*, illustré par Joëlle Jolivet Le Seuil, Paris, 2001.

(8) Jeremy Bentham, *An Introduction to the Principles of Morals and Legislation*, The Athlone Press, London, 1970 (XVII, sect. 1, note 4).〔邦訳：『世界の名著49ベンサム』（「道徳および立法の諸原理序説」）中央公論社、一九七九〕

(9) Peter Singer, *Animal Liberation : A New Ethics for our Treatment of Animals*, New York Review / Random House, New York, 1975.〔邦訳：ピーター・シンガー『動物の解放』戸田清訳、技術と人間、一九八八〕

(10) Tom Regan, *The Case for Animal Rights*, University of California Press, Berkeley, 1983.

**39** John Locke（1632-1704）イギリスの哲学者・政治思想家。経験論の代表者。『人間知性論（一～四）』（大槻春彦訳、岩波文庫、一九七二―七七）。

**40** Giacomo Leopardi（1798-1837）イタリアの詩人・哲学者。詩集『カンティ』（一八三一）。

**41** Willard van Orman Quine（1908-2000）アメリカの哲学者・論理学者。主著に『ことばと対象』（一九六〇）など。未開部族のところに出かけたフィールド言語学者の前で、現地人がウサギを見て「ガヴァガイ」と言ったとしたら、といった仮定から始まる「根底的翻訳」の議論が有名。

**42** 本書一五頁脚注参照。

**43** Migel de Unamuno（1864-1936）スペインの哲学者・小説家・詩人。サラマンカ大学の学長を務め、フランコ内戦時代にフランスに亡命したこの哲学者は、折り紙の名手だったことでも知られる。

# おわりに――訳者あとがきにかえて

ロベール・マッジョーリ（Robert Maggiori）氏は、パリ近郊フォンテーヌブローの高校で哲学の教師をするかたわら、左派系の新聞『リベラシオン』でコラムニストとしても活躍している。著書は、本書のほかに『ともに過ごすことについて――自由の哲学か、愛の哲学か？』『哲学その日その日』、編著として『哲学するⅠ・Ⅱ』がある。

本書の原題は *Un animal, un philosophe*（Julliard, 2005）であり、そのまま訳すとしたら「ひとつの動物、ひとりの哲学者」となる。ただしそのままでは日本語の書名として魅力がないので、編集者からのアイデアでかなり「意訳」して、『哲学者たちの動物園』とした。もしかすると〝哲学者たちが檻に入れられているさま〟を連想した人もいるかもしれないが、そうではない。

なにはともあれ、本書のユニークな点は、各コラムのタイトルが「哲学者の名前＋動物（生き物）」というワンセットのかたちをとっているところ。「デリダの猫」とか「ベーコンの蟻」、「マルクスのビーバー」や「レヴィナスの犬」といった具合に。

この本は、古今東西の哲学者たちが動物についてどんなことを書いているかという点に目をつけ、それぞれの著作に見られる動物とのかかわりを、短くユーモラスに、時に味わい深く紹介している。特に興味深いのは、動物と哲学者とのかかわりを切り口に、彼らの思想の特色や人間性までもが浮き彫りになってくるように見えるところ。

たとえば、動物学者にして形式論理学の創始者であるアリストテレスには〝ひな鳥〟。「卵が先かニワトリが先か」という古典的な議論を大真面目に論理的に解くところがおかしい。また、愛する婚約者に突然の別れを告げて自分の殻に閉じこもるといった不可解な行動をとるキルケゴールからは、貝についての記述を引いている。なるほど。

さらに、パスカルはコナダニというミクロの生き物のなかに神の恩寵と宇宙的な広がりを示してくれるし、「動物＝機械」論を唱えたデカルトは人間の言葉を「オウム返し」に繰り返すカササギについて語る。

「ゼノンの亀」や「荘子の蝶」、「ビュリダンのロバ」あたりは哲学にちょっと詳しい人なら見当がつくかもしれないが、ほかにも「ニーチェのライオン」や「ルソーのオランウータン」、「プラトンの白鳥」、「ソクラテスのシビレエイ」など、並べてみるといかにも彼らの思想の核心が反映されているように見えはしないだろうか。

一方で、「カントの象」や「アウグスティヌスの孔雀」などでは、彼らの一般的なイメージにはそぐわない意外な面を教えられる。「ヒルデガルトの鯨」や「アルベルトゥス・マグヌスの犀」のように、中世の神学者たちが動物に対して抱いていた、微笑ましくも「トンデモ」な説を知ることができるのも、この本の味わいのひとつである。

この本は、「動物」という親しみやすい入り口からわかりやすく、各哲学者のイメージや思想の核心部分を描き出してくれたり、逆にその意外な一面を見せてくれたりする本なのである。

すでにある程度哲学に詳しいという人でも、あるいはあまり哲学には詳しくないという人でも、どのコラムも予備知識なしに読めるから、哲学者と動物についてのアンソロジーとして気楽に楽しんでもらえればいい。

あるいは、もしも本書で興味を持った哲学者があれば、もっと詳しく調べてみるきっかけになるだろう。さらには、この本にならって、自分でも、誰か別の哲学者を取り上げて、動物とその思想とのかかわりというテーマでレポートや論文をまとめることだってできるかもしれない（哲学や倫理社会の先生なら、この本のコラムを授業に使ってみるというのはいかがだろうか）。

動物と哲学者というのは、テーマとして、なぜだかとても相性がいいようである。それは、たとえば「犬」とあだ名されたディオゲネスが、それをからかって骨を送りつけてきた王に向かって「犬にはふさわしい食べ物でしたが、王にはふさわしくない贈り物でしたな」と言い返したり、釣りを楽しんでいる荘子が、大臣に迎えたいとやってきた使いに向かって「あなたは、死んで立派に飾られる亀がいいか、それとも生きて尻尾を泥の中につけながら遊んでいるほうがいいか」と答えたというようなエピソードを読むだけでよくわかる。どちらにも犬と亀——動物が登場するのだが、しかしこの本の中で取り上げられた二人は、それぞれ「ディオゲネスの蛸」「荘子の蝶」と、別の動物に結びつけられているのだ。動物と哲学者のあいだには、まだまだ開拓すべき余地がいくらでもあるということだろう。

さらにまた、この本全体を通して読むと、哲学の歴史というものが、大づかみに言って徐々に「動物の権利」というものを認めるようになってきた過程だということもわかる（そのひとつの帰結が、「動物になること」を勧めたドゥルーズとガタリだとしたら、それもまた興味深い一致ではある）。どんなに偉大な思想家でも、何世紀も前にはやはり動物に対して「非人間的」だったり「無知」だったりした。そんなことも、この本は教えてくれる。もちろん、一概に時代のせいにはできないし、思想家によって、動物への視線はまちまちである。ルクレティウスやモンテーニュのように、昔から動物に「同情的」な人もいた。しかし、「動物に魂はあるか？」という問いはいまだ決着のついていない問いである。つくこともないだろう。だからこそ、動物という主題は、まさに哲学と組み合わせるにふさわしいのかもしれない。

言い訳めくようだが、この本の訳者である私は、哲学の専門家ではない。そういう素人が、編集者からこういう本を訳しませんかといわれて、一瞬戸惑いながらも断らなかったのは、そもそもこの本自体が一般読者を相手に書かれたものだったからで、だったら私のような専門的な哲学の訓練を受けていない人間が、むしろ日常的な感覚で訳すことに意味があるだろうと思ったからだ。

もちろん哲学的な基礎知識や専門用語などのチェックは受けなければならないから、文庫クセジュのドミニック・ルクール著『科学哲学』(関心のある向きには必読書!)の訳者である沢崎壮宏さん、竹中利彦さん、三宅岳史さんのお三方と、関西学院大学准教授の久米暁さんに、主として哲学系の専門知識にかかわる校閲をしていただいた。各哲学者について個別の一言プロフィールを書いてくださり、また注の哲学者のプロフィールのいくつかを仕上げてくださったのも彼らである。深く感謝したい(ちなみに本文の下段に添えられた訳注は、訳者と編集部の側でつけたもので原著にはない。よくあることだが、日本語版の読者はお得です)。もちろん訳文や注に誤りや不適切な点があれば、その責任は訳者にある。専門家から見たらとんでもない失態を犯しているかもしれない。ぜひともご教示お願いします。

実際に訳してみると、ロベール・マッジョーリの語り口は、ところどころ非常にユーモラスだけれども、必ずしも、くだけたものではない。むしろ格調高く、詩的で高貴だとさえ言える面がある。

　原著が出た当時、フランスでも好評で、いろんな新聞・雑誌で紹介されていたが、それらの評でも文体の魅力に触れているものが多い。省略の余韻を汲み取らせるようなところもあり、粗雑で無粋な訳者としては、ついもっと言葉を補ってしまいたくなることもあったけれど、訳者の分を超えない程度に抑えておいた。そういう行間が、ちゃんと読み取れる翻訳になっていたらうれしいのだが。

　翻訳中は、それぞれの哲学者の著作（の翻訳本）や入門書の類をひたすら読んだ。ひとり訳すたびに、何かひとつずつ山を越えるような感慨があった。やってみると、これはなかなか面白い作業だった。知らなかった知識がどんどん増えていくというのがよい。読者の方にも——特にあまり哲学を読んだことがないという人には——ぜひこの本で気になった哲学者についてもっと詳しく読み進んでみることをお勧めする。

　この本を訳しませんかと仕事を持ってきてくれた編集者は、和久田頼男さんである。どういう本にするかという企画を固め、日本語タイトルを考えたのも和久田さんで、本書のコンセプトを作り出すべく原著にはない「はじめに」を用意することができたのも彼のアイデアに負うところが大きい。また、イラストレーターの川口澄子さんとブックデザイナーの三木俊一さんのおかげでとても楽しいコラボレーションができた。

そういう仕事にかかわらせていただいたことに、お礼を言いたい。どうもありがとう。

二〇〇七年五月

國分俊宏

# 引用・参考文献リスト、または「読書案内」

〔原著の巻末には、それぞれの哲学者について、引用したり書名を挙げたりした本のリストが載せられているが、それらはすべてフランス語の本であるため、ここでは独自に日本語版のリストを編むことにした。ただし、日本語訳がない書物に関しては、原著巻末に掲載されているフランス語版の本をそのまま記載した。〕


## アラン Alain

『プロポ1』山崎庸一郎訳、みすず書房、二〇〇三年
『四季をめぐる51のプロポ』神谷幹夫編訳、岩波文庫、二〇〇二年

## アルベルトゥス・マグヌス Albertus Magnus

〔アルベルトゥス・マグヌスの著作はフランス語原著には挙げられていないが、邦訳のあるものとしては、『鉱物論』沓掛俊夫訳、朝倉書店、二〇〇四年、および『大アルベルトゥスの秘法——中世ヨーロッパの大魔術書』立木鷹志訳、河出書房新社、一九九九年、がある〕
＊その他の参考文献の項も参照のこと

## アリストテレス Aristoteles

『動物誌』上・下（アリストテレース）島崎三郎訳、岩波文庫、一九九八―一九九九年
『アリストテレス全集』第七巻（「動物誌」上、島崎三郎訳）、岩波書店、一九六九年
『アリストテレス全集』第八巻（「動物誌」下、「動物部分論」島崎三郎訳）、岩波書店、一九六九年
『アリストテレス全集』第九巻（「動物発生論」島崎三郎訳）、岩波書店、一九六九年

アウグスティヌス　Augustinus
『神の国』1〜5　服部英次郎訳、岩波文庫、
『告白』上・下　服部英次郎訳、岩波文庫、一九八七年

アヴィセンナ　Avicenna
Attâr Farîd al-Dîn, *Le Langage des oiseaux*, traduit par Garcin de Tassy, Albin Michel, Paris, 1996
*La Conférence des oiseaux*, adapté par Henri Gougaud, Le Seuil, Paris, 2002.
〔上記二著はアッタールのもので邦訳はない。アヴィセンナの著作の邦訳としては、『医学の歌』（志田信男訳、草風館、一九九八年）と、イブン・スィーナー名義で、『科学の名著　第8巻　イブン・スィーナー』（「医学典範」五十嵐一訳、朝日出版社、一九八一年）、さらに『中世思想原典集成11イスラーム哲学』（上智大学中世思想研究所、平凡社、二〇〇〇年）に「救済の書」がある〕
＊その他の参考文献の項も参照のこと

ベーコン　Bacon
『ノヴム・オルガヌム（新機関）』桂寿一訳、岩波文庫、一九七八年

ベルクソン　Bergson
『創造的進化』真方敬道訳、岩波文庫、一九七九年
『ベルグソン全集　第4巻　創造的進化』松浪信三郎・高橋允昭訳、白水社、一九六六年

ビュリダン　Buridan
*Sophismes*, introduction, traduction et notes de Joël Biard, Librairie philosophique J. Vrin, Paris, 1993
〔この本の邦訳は出ていない。ビュリダンの著作として日本語で読めるのは、『科学の名著　第5巻　中世科学論集』（朝日出版社、一九八一年）所収の「天体・地体論四巻問題集」（青木靖三訳）と『自然学八巻問題集』第八巻第一二問」（横山雅彦訳）〕

キケロ　Cicero
『キケロー選集11（哲学4）』岡道夫ほか編（「神々の本性について」山下太郎訳）、岩波書店、二〇〇〇年

ドゥルーズとガタリ　Deleuze et Guattari
『千のプラトー』宇野邦一他訳、河出書房新社、一九九四年

デリダ　Derrida

« L'animal que donc je suis », in *L'Animal autobiographique – autour de Jacques Derrida*, sous la direction de Marie-Louise Mallet, Galilée, Paris, 1999.

デカルト　Descartes

『方法序説』谷川多佳子訳、岩波文庫、一九九七年

『デカルト書簡集　下』渡邊一夫、河盛好蔵、市原豊太訳、創元社、一九四〇年〔絶版〕

ディオゲネス　Diogenes

＊その他の参考文献の項を参照のこと

エラスムス　Erasmus

*Adages*, textes traduits du latin, présentés et annotés par Jean-Claude Margolin, Robert Laffont, coll. « Bouquins », Paris, 1992.

ハイデガー　Heidegger

『形而上学の根本諸概念　ハイデッガー全集第29／30巻』川原栄峰・セヴェリン・ミュラー訳、創文社、一九九八年

『痴愚神礼賛』渡邊一夫、二宮敬訳、中央公論新社、二〇〇六年

ヒルデガルト　Hildegard

*Le Livre des subtilités des créatures divines, II*, traduit du latin par Pierre Monat, précédé de « Imaginez, imaginez », par Claude Mettra, Jérôme Millon, Grenoble, 1989.

〔上記著書の邦訳はない。ヒルデガルトの著作の邦訳としては、『聖ヒルデガルトの医学と自然学』プリシラ・トループ英語版翻訳、井村宏次監訳、ビイング・ネット・プレス、二〇〇五年、がある。〕

ドルバック　Le baron d'Holbach

*Le Bon Sens ou Idées naturelles opposées aux idées surnaturelles*, Editions rationalistes, Paris, 1971.

〔上記著書の邦訳はない。ドルバックの著作の邦訳としては、『自然の体系Ⅰ』高橋安光、鶴野陵訳、法政大学出版局、一九九九年、と『自然の体系Ⅱ』高橋安光、鶴野陵訳、法政大学出版局、二〇〇一年、および『キリスト教暴露』野沢協訳、現代思潮社、一九六八年〔絶版〕、がある。〕

| | |
|---|---|
| カント Kant | 『カント全集 第十五巻 自然地理学』三枝光悳訳、理想社、一九六六年 |
| キルケゴール Kierkegaard | 『キルケゴール著作集12 人生行路の諸段階 上』佐藤晃一訳、白水社、一九九五年 |
| レヴィナス Lévinas | 『困難な自由』内田樹訳、国文社、一九八五年〔絶版〕 |
| ルクレティウス Lucretius | 『物の本質について』(ルクレーティウス) 樋口勝彦訳、岩波文庫、一九六一年<br>『世界古典文学全集 第21巻 ウェルギリウス、ルクレティウス』(「事物の本性について――宇宙論」藤沢令夫、岩田義一訳) 筑摩書房、一九六五年 |
| マキアヴェリ Machiavelli | 『新訳 君主論』池田廉訳、中公文庫、二〇〇二年 |
| マルクス Marx | 『資本論(一)』向坂逸郎訳、岩波文庫、一九六九年<br>『経済学・哲学草稿』城塚登、田中吉六訳、岩波文庫、一九六四年 |
| メルロ=ポンティ Merleau-Ponty | *La Nature. Notes. Cours du Collège de France*, édition établie et annotée par Dominique Ségland, Le Seuil, Paris, 1995 〔この本の邦訳はないが、別にその講義の要録(各年度終了ごとに講義内容のレジュメをメルロ=ポンティが Annuaire du Collège de France『コレージュ・ド・フランス年報』に発表していたもの)をまとめた本 *Résumé de cours, Collège de France 1952-1960*, Gallimard, Paris, 1968 があり、その邦訳として、『言語と自然 コレージュ・ドゥ・フランス講義要録』(滝浦静雄、木田元訳、みすず書房、一九七九年)がある。ただし要録であるため、本書に引用されているような箇所はない〕 |
| モンテーニュ Montaigne | 『エセー(三)』原二郎訳、岩波文庫、一九六六年 |
| モンテスキュー Montesquieu | *Pensée – Le Spicilège*, édition établie par Louis Desgraves, Robert Laffont, coll. « Bouquins » Paris, 1991. |

『法の精神』（上・中・下）野田良之他訳、岩波文庫、一九八九年
『ペルシア人の手紙』（上・下）大岩誠訳、岩波文庫、一九五〇年

ニーチェ　Nietzsche

『ニーチェ全集9　ツァラトゥストラ　上』吉沢伝三郎訳、ちくま学芸文庫、一九九三年
『ニーチェ全集10　ツァラトゥストラ　下』吉沢伝三郎訳、ちくま学芸文庫、一九九三年

パスカル　Pascal

『パンセ』前田陽一、由木康訳、中公文庫、一九七三年

プラトン　Platon

『パイドン』岩田靖夫訳、岩波文庫、一九九八年
『ソクラテスの弁明　クリトン』（改版）久保勉訳、岩波文庫、一九八七年
『メノン』藤沢令夫訳、岩波文庫、一九九四年

ピュタゴラス　Pythagoras

＊その他の参考文献の項を参照のこと

ルソー　Rousseau

『人間不平等起原論』本田喜代治、平岡昇訳、岩波文庫、一九七二年

ショーペンハウアー　Schopenhauer

『ショーペンハウアー全集11　哲学小品集（Ⅱ）《新装復刊》』金森誠也訳、白水社、一九九六年

ソクラテス　Sokrates

＊プラトンの項を参照のこと

トマス・アクィナス　Thomas Aquinas

*Somme contre les gentils*, 4 vol., traduction, présentation et notes de Vincent Aubin, Cyrille Michon et Denis Moreau, GF-Flammarion, Paris 1999 ; Somme contre les gentils, traduction du latin par R. Bernier, M. Corvez, M.-J. Gerlaud, F. Kerouanton et L.-J. Moreau, Le Cerf, Paris, 1993 : ce volume reprend la traduction française classique de la Summa contra gentiles (Rome, 1934) publiée aux éditions Lethielleux entre 1951 et 1961.〔上掲書は『対異教徒大全』の邦題で知られているもので、インターネット上に部分訳の試みがあるようだ〕

『世界の名著第20巻 トマス・アクィナス』山田晶訳、中央公論社（中公バックス）、一九八〇年〔『神学大全』の抄訳〕

ゼノン Zénon

＊その他の参考文献の項を参照のこと

荘子 Zhuangzi

『老子 荘子 世界古典文学全集第17巻』福永光司・興膳宏訳、筑摩書房、二〇〇四年

『荘子 第1冊 内篇』金谷治訳、岩波文庫、一九八九年

『荘子 第2冊 外篇』金谷治訳、岩波文庫、一九九三年

その他の参考文献

Corbin, Henry, *Avicenne et le récit visionnaire*, Verdier, Lagrasse, 1999.

Ctésias, *Histoires d'Orient*, préfacé par Charles Malamoud, traduit et annoté par Janick Auberger, Les Belles Lettres, Paris, 1991.

Diogène Laërce, *Vie, doctrines et sentences des philosophes illustres*, traduit et annoté par Robert Genaille, Ganier-Flammarion, Paris, 1965 (II, p.132).〔邦訳：ディオゲネス・ラエルティオス『ギリシア哲学者列伝』上・中・下、加来彰俊訳、岩波文庫、一九八四―九四年〕

Elien, *La Personnalité des animaux*, I et II, traduit et annoté par Arnaud Zucker, Les Belles Lettres, Paris, 2001 et 2002.

Goulet-Cazé, Marie-Odile (sous la direction de), *Le Cynisme ancien et ses prolongements*, PUF, Paris, 1993.

Jamblique, *Vie de Pythagore*, introduction, traduction et notes de Luc Brisson et Alain Philippe Segonds, Les Belles Lettres, Paris, 1996.〔邦訳：イアンブリコス『ピュタゴラス伝』佐藤義尚訳、国文社、二〇〇〇年〕

Paquet, Léonce (édition établie par), *Les Cyniques grecs, fragments et témoignages*, édition de l'université d'Ottawa, Ottawa, 1975, revue et actualisée par Marie-Odile Goulet-Cazé, Paris, Le Livre de Poche / Librairie générale française, Paris, 1992.

*Physiologos. Le bestiaire des bestiaires*, texte trauit du grec, établi et commenté par Arnaud Zucker, Ed. Jérôme Millon, Grenoble, 2004.〔邦訳：オットー・ゼール『フィシオログス』梶田昭訳、博品社、一九九四年〕

*Les Présocratiques*, édition établie par Jean-Paul Dumont, avec la collaboration de Daniel Delattre et Jean-Louis Poirier,

Gallimard, coll. « Bibliothèque de la Pléiade », Paris, 1988.
Porphyre, *Vie de Pythagore* – Lettre à Marcella, texte établi et traduit par Édouard des Places, avec un appendice d'Alain Philippe Segonds, Les Belles Lettres, Paris, 1982.〔前記邦訳『ピュタゴラス伝』に併録〕
*La Philosophie de Schopenhauer – Au cœur de l'existence, la souffrance* ?, de Marie-José Pernin, Bordas, Paris, 2003.
Sohravardî Shihâboddîn Yahya, *Le Livre de la sagesse orientale* (Kitâb Hikmat al-Ishrâq), commentaires de Qotboddîn Shîrâzî et Môlla Sadrâ Shîrâzî, traduction et notes de Henry Corbin, établies et introduites par Christian Jambet, Verdier, Lagrasse, 1996, rééd. Gallimard, coll. « Folio Essais », Paris, 2003.

# 付録年表

## 紀元前—古代

| | |
|---|---|
| ca.570-490 BC | ピュタゴラス |
| ca.495-435 BC | ゼノン |
| 470-399 BC | ソクラテス |
| 427-347 BC | プラトン |
| 412-323 BC | ディオゲネス |
| 384-322 BC | アリストテレス |
| ca.370-300 BC | 荘子 |
| 106-43 BC | キケロ |
| 99-55 BC | ルクレティウス |
| 354-430 | 聖アウグスティヌス |

## 中世

| | |
|---|---|
| 980-1037 | アヴィセンナ |
| 1098-1179 | ヒルデガルト |
| ca.1200-1280 | アルベルトゥス・マグヌス |
| ca.1225-1274 | 聖トマス・アクィナス |
| ca.1298-1358 | ビュリダン |

| | | |
|---|---|---|
| | 1466-1536 | エラスムス |
| | 1469-1527 | マキアヴェリ |
| | 1533-1592 | モンテーニュ |
| | 1561-1626 | ベーコン |
| 近代 | 1596-1650 | デカルト |
| | 1623-1662 | パスカル |
| | 1689-1755 | モンテスキュー |
| | 1712-1778 | ルソー |
| | 1723-1789 | ドルバック |
| | 1724-1804 | カント |
| | 1788-1860 | ショーペンハウアー |
| | 1813-1855 | キルケゴール |
| | 1818-1883 | マルクス |
| | 1844-1900 | ニーチェ |
| 現代 | 1859-1941 | ベルクソン |
| | 1868-1951 | アラン |
| | 1889-1976 | ハイデガー |
| | 1906-1995 | レヴィナス |
| | 1908-1961 | メルロ゠ポンティ |
| | 1925-1995 | ドゥルーズ |
| | 1930-1992 | ガタリ |
| | 1930-2004 | デリダ |

# 人名索引（頁番号が太字の箇所には解説あり）

## ア

## カ



## サ



## タ

## ナ



## ハ

## マ



## ヤ



## ラ

## 著・訳者紹介

**ロベール・マッジョーリ**［Robert Maggiori］
パリ近郊フォンテーヌブローの高校で哲学教師をするかたわら『リベラシオン』でコラムニストとしても活躍している。主要著書に、『ともに過ごすことについて――自由の哲学か、愛の哲学か？』『哲学その日その日』。編著に、『哲学するⅠ・Ⅱ』がある。

**國分俊宏**［こくぶ・としひろ］
一九六七年生まれ。早稲田大学大学院博士課程満期退学。パリ第3大学文学博士。現在、駿河台大学文化情報学部准教授。専門はフランス文学。
主要訳書に、レーモン・ルーセル『額の星・無数の太陽』（共訳、人文書院、二〇〇一年）、フランソワ・ボン『ローリング・ストーンズ　ある伝記』（共訳、現代思潮新社、二〇〇六年）。

# 哲学者たちの動物園

二〇〇七年六月二〇日印刷
二〇〇七年七月一〇日発行

訳者©國分俊宏
発行者　川村雅之
発行所　株式会社白水社
電話　〇三-三二九一-七八一一（営業部）七八二一（編集部）
住所　〒一〇一-〇〇五二　東京都千代田区神田小川町三-二四
http://www.hakusuisha.co.jp
振替　〇〇一九〇-五-三三二二八
印刷所　株式会社理想社
製本所　加瀬製本

乱丁・落丁本は送料小社負担にてお取り替えいたします。





Printed in Japan

ISBN978-4-560-02460-7